Wochenendtouren
mit dem Cabrio
in Bayern

J. BERG

10 Ein Engländer in Bayern: Der Jaguar XKR

1 Vom »schwäbischen Meer« bis zur Zugspitze

Inhalt

3 Auf zum Wendelstein

5 Romantischer Schiffsausflug auf der Donau bei Kelheim

3 Einst das Herzstück der Kurstadt Bad Reichenhall: Die alte Saline

10 Alles im Blick

Tourenüberblick

	Tour	Länge	Einkehr-möglichkeit	Unterkunft	Sehens-würdigkeit	Mautstraße	Zusätzliche Ausflugs- und Wandertipps	Bade-möglichkeit	Aussicht
1	Vom »schwäbischen Meer« bis zur Zugspitze	190 km	●	●	●	●	●	●	●
2	Alpenidylle und Fahrspaß	130 km	●	●	●	●	●	●	●
3	Alpentour, Kultur und Natur	160 km	●	●	●	●		●	●
4	Genussreise durch den »bayerischen Urwald«	142 km	●	●	●		●		●
5	Die Sechsflüsse-Tour	245 km	●	●	●		●		
6	Oben ohne durch den bayerischen Jura	143 km	●		●		●	●	
7	Romantik auf Rädern	274 km	●	●	●		●		
8	Von Klein-Venedig zu den Königsschlössern	132 km	●	●	●		●	●	●
9	Die große Chiemsee-Runde	94 km	●	●	●		●	●	
10	Die große Allgäu-Runde	280 km	●	●	●		●		
11	Vom Sisi-Schloss zur Donauperle	150 km	●	●	●		●		
12	Das oberbayerische Seen-Quintett	132,5 km	●	●	●		●	●	●

Vorwort

Paradies für mobile Sonnenanbeter

Ich weiß nicht, ob es Ihnen auch so geht wie mir: Sobald das Wetter trocken ist und ein wenig Sonne scheint, muss ich das Dach am Cabrio öffnen – jeder Meter Fahrt mit geschlossenem Dach käme mir nun wie verlorene Lebenszeit vor. Und wenn dann noch die Landschaft schön ist und die Straßen um mich herum kurvenreich sind, wird jede Fahrt zu einem kleinen Urlaub vom Alltag.
Klar, dass Bayern sich für solche Ausflüge anbietet: Wo sonst gibt es eine solche landschaftliche und kulturelle Vielfalt? Wir haben für Sie die schönsten Regionen, die interessantesten Straßen und die attraktivsten Sehenswürdigkeiten Bayerns für die schönsten Wochenend-Ausflüge ausgewählt.

Am kleinen Hafen am Walchensee geht es ruhig und beschaulich zu.

Bayern gehört zu den Bundesländern mit den meisten Sonnenstunden im Jahr, und der weiß-blaue Himmel soll nach Meinung

vieler Menschen ja der schönste überhaupt sein. Und auch landschaftlich ist Bayern enorm abwechslungsreich und schön: von den majestätischen Alpen über die milden Landschaften Frankens, vom bäuerlichen Chiemgau bis hin zum immer noch ursprünglichen Bayerischen Wald, von der Pracht Neuschwansteins bis zur kargen Bergbauernhütte, von quirligen Groß- und Kleinstädten bis hin zu abgeschiedenen Weilern. Was gibt es also Reizvolleres, als all diese Schönheiten in einem offenen Cabrio mit dem lauen Wind im Haar zu er-fahren?

Egal, ob Sie mit einem Oldtimer oder einem modernen Cabrio unterwegs sind – auf den folgenden Seiten stellen wir Ihnen zwölf Reisetipps quer durch Bayern vor, die natürlich auch mit einem geschlossenen Auto reizvoll und unbedingt erfahrenswert sind. Wir zeigen herrliche kleine Straßen, die wenig befahren sind und zum Genießen einladen, und wir haben Museen und andere Sehenswürdigkeiten gefunden, die nicht in jedem Reiseführer stehen.

Schloss Neuschwanstein: eine der beliebtesten Sehenswürdigkeiten bei Füssen

Bei der Planung der Touren haben wir bewusst auf große Straßen oder Autobahnen verzichtet, denn bei diesen Touren geht es nicht um Schnelligkeit und Effizienz, sondern ausschließlich um die Freude am Fahren und den Genuss von Landschaft, Kultur und den Menschen, die in den unterschiedlichen Regionen Bayerns leben.
Unsere Touren sind so angelegt, dass sie zum Teil an einem Tag gefahren werden können. Entspannter und stressfreier ist es jedoch, sich für eine Tour zwei Tage Zeit zu nehmen, sei es am Wochenende oder unter der Woche. Dann bleibt auch genug Zeit für interessante Museen, spannende Stadtführungen oder einfach für ausgedehnte, entspannte Pausen am Rand der Strecke.

Nun hoffen wir, dass Sie das schöne Bayern auf einer oder gar auf mehreren Touren kennen und lieben lernen!

Jörn Müller-Neuhaus

Der herrliche Blick kurz nach Lengenwang im Allgäu auf die Alpenkette ist alleine schon einen Ausflug wert!

Die Wochenendtouren mit dem Cabrio

1 Vom »schwäbischen Meer« bis zur Zugspitze

Die Deutsche Alpenstraße ab Lindau

Etappen
Lindau–Oberstaufen: 36,5 km; Oberstaufen–Immenstadt: 17 km; Immenstadt–Sonthofen: 9 km; Sonthofen–Bad Hindelang: 8 km; Bad Hindelang–Oberjoch: 8 km; Oberjoch–Unterjoch: 4,5 km; Unterjoch–Wertach: 9 km; Wertach–Nesselwang: 8,5 km; Nesselwang–Pfronten: 8 km; Pfronten–Füssen: 13 km; Füssen–Schwangau: 4 km; Schwangau–Steingaden: 18,5 km; Steingaden–Oberammergau: 26,5 km; Oberammergau–Garmisch-Partenkirchen: 19,5 km; Gesamtstrecke: 190 km

Anreise
Ausgangspunkt Bodensee, Lindau: Von München oder von Norden kommend auf der A 96 über Memmingen bis Lindau fahren

Information
Touristikverein Deutsche Alpenstraße e. V., c/o Alpin Consult, Siedlerstr. 10, 83714 Miesbach, Tel. 08025/924 49 52, www.deutsche-alpenstrasse.de
Füssen Tourismus GmbH, Kaiser-Maximilian-Platz 1, 87629 Füssen, Tel. 08362/93 85-0, www.fuessen.de
Ferienregion Zugspitzland, Am Gern 1, 82490 Farchant, Tel. 08821/96 16 35, www.zugspitzland.de

Das sonnenverwöhnte Dreiländereck ist Ausgangspunkt für unsere erste Etappe auf der Alpenstraße. Auf dem Weg nach Garmisch erleben wir einsame Landstraßen, sehen Ludwigs Königsschlösser und genießen die regionale Küche.

Die Deutsche Alpenstraße, in den 1930er-Jahren als erste Touristenstraße Deutschlands entstanden, verläuft vom Bodensee bis Berchtesgaden von West nach Ost quer durch den bayerischen Alpenbogen. Wir teilen die Strecke in drei entspannte Etappen auf, die jeweils für sich genommen ein herrliches Cabrio-Wochenende versprechen. Teil 1 führt uns vom Bodensee nach Garmisch-Partenkirchen.

Lindau am Bodensee, der Startpunkt unserer Tour, ist im Sommer wie im Winter ein Touristenmagnet. Das historische Zentrum der Stadt befindet sich auf einer Insel im Bodensee, die lediglich durch eine Eisenbahntrasse und die für Pkw befahrbare Seebrücke erreichbar ist. Auf der Insel leben zwar nur etwa 3000 der 25 000 Einwohner der Stadt, aber hier befinden sich die meis-

Romantisch und ganz wild

- Der **»Lebensraum Rohrachschlucht«** (www.scheidegg.de/scheidegger-wasserfaelle/) gehört zu den schönsten Geotopen Bayerns – mit einer wildromantischen Flusslandschaft und Wasserfällen, bei denen der Rickenbach über zwei 18 und 22 m hohen Gesteinsstufen in die Tiefe rauscht.
- **Reptilienzoo Scheidegg:** In diesem privat geführten Zoo leben vielerlei Reptilien, von Schlangen über Spinnen, Kröten und manch anderes Getier. Gretchenmühle 9, Tel. 08381/891 75 38, 88175 Scheidegg, www.reptilienzoo-scheidegg.com

Ein herrlicher Blick auf den Ort Hindelang eröffnet sich von der Passhöhe.

ten Restaurants und Gaststätten, und hier stehen die wichtigsten historischen Bauwerke wie Kirchen, das alte Rathaus mit dem gotischen Ratssaal, viele Bürgerhäuser, der 1913–1921 im Jugendstil erbaute Stadtbahnhof sowie der zum Schweizer Seeufer hin gewandte Hafen. Dessen Einfahrt wird auf der Ostseite von dem 1856 erbauten Leuchtturm und auf der Westseite von einem sechs Meter hohen sitzenden bayerischen Löwen flankiert. Nach einem opulenten Mittagessen mit leckeren Bodenseefelchen in einem gemütlichen Restaurant am Hafen schlendern wir zurück zu unserem Fiat, öffnen das Dach und brausen bei herrlichem Spätsommerwetter gen Westen. Kurz vor Sigmarszell erreichen wir die B 308 in Richtung Lindenberg/Scheidegg und folgen der sanft geschwungenen Bundesstraße entlang der Grenze zu Österreich. Kurz vor Lindenberg schlängelt sich die Straße in engen Kurven an der Rohrachschlucht vorbei.

Paradiesisches Panorama

Nach einem scharfen Linksknick der B 308 hinter Oberreutte befindet sich linker Hand der Aussichtspunkt »Am Paradies«, von dem aus man einen herrlichen Panoramablick auf die Nagelfluhkette, die Vorarlberger und die Schweizer Alpen genießt.

In Scheidegg, dem Ort mit den meisten Sonnenstunden Deutschlands, ist u. a. der Reptilienzoo einen kurzen Besuch wert (s. Kasten). Nachdem wir Schlangen, Schildkröten, Salamander und andere Reptilien bewundert und im Restaurant »Rohrachblick« einen kleinen Imbiss zu uns genommen haben, folgen wir weiter der kurvenreichen und wenig befahrenen B 308 bis nach Oberreutte. Bei Simmerberg erreicht die Straße eine Höhe von 800 Metern – von hier aus hat man bei klarem Wetter eine herrliche Aussicht auf die Allgäuer und die Vorarlberger Alpen und bis hin zum Schweizer Säntis-Massiv. Auch bei der Weiterfahrt nach Oberstaufen und dann nach Immenstadt bleiben die Berge unsere ständigen Begleiter, während wir mit Marschtempo 80–90 im fünften Gang gemütlich die sich sanft windende Straße durch das Westallgäu entlangschnüren. Vor Immenstadt begleitet uns linker Hand auf fast drei Kilometern der Große Alpsee, ein idyllischer See, der aufgrund seiner Lage ein beliebtes Surf- und Seglerparadies ist. Die B308 heißt hier Lindauer Straße, etwas später

Immenstadt

In der alten Residenzstadt sind das Stadtschloss, das 1640 erbaute Rathaus und das seit 2004 bestehende Allgäuer Bergbauernmuseum sehenswert.

Ein bundesweit einmaliges Highlight ist der **Viehscheid**, der jeweils an einem Samstag im September stattfindet. Dabei werden zum Ende des Alpsommers etwa 1000 Rinder von den Almen, auf denen sie den Sommer verbracht haben, zurück in die Stallungen getrieben. Der Viehscheid ist auch Anlass für ein großes Volksfest mit Festzelten und viel Musik.

Julius-Kunert-Straße und in Immenstadt schließlich Kemptener Straße. Direkt nach Immenstadt biegen wir rechts ab über die Iller und fahren dann gleich wieder rechts in Richtung Sonthofen.

Immenstadter Viehscheid. Nach dem Almabtrieb löschen viele Kühe ihren Durst im Dorfbrunnen.

Nach Sonthofen wartet der Oberjochpass auf uns und unsere Barchetta – hinter Bad Hindelang beginnt der Aufstieg. Und obwohl der zweithöchste und mit über 100 Kurven angeblich kurvenreichste Pass der deutschen Alpen auf 1178 Meter über Meereshöhe hinaufführt und viele wunderschöne Kurven und Spitzkehren auf den Autofahrer warten, ist er doch harmlos und stellt mit einer maximalen Steigung von acht bis neun Prozent keine großen Anforderungen an Fahrer und Fahrzeug. Anstrengend ist es eher, auf die unzähligen Motorradfahrer zu achten, die an schönen Tagen die etwa neun Kilometer lange Strecke bevölkern.

Highlight für Oldtimerfreunde

Jedes Jahr Anfang Oktober findet am Oberjoch das »Jochpass Memorial« statt, eine zweitägige Oldtimer-Rallye mit anschließendem Bergrennen, an dem regelmäßig an die 200 historische Automobile und Motorräder aller Epochen teilnehmen (www.jochpass.com).

Auf der Passhöhe in Oberjoch erwartet uns als Lohn für die Kurbelei ein traumhafter Rundblick auf die Alpen, und wir lesen auf einem großen Schild, dass Oberjoch das höchstgelegene Ski- und Bergdorf Deutschlands ist.

Weiter geht's vom Pass mit leichtem Gefälle hinunter, und zwar geradeaus auf der B 310 (die B 308 zweigt auf der Passhöhe nach rechts ab Richtung Österreich und wird dort zur B 199). Auf Oberjoch folgt Unterjoch, das mit seinen vielen Bauernhöfen sehr ländlich geprägt ist. Auf den Wiesen genießt das für das Allgäu charakteristische Braunvieh den Tag, und fast jeder Bauernhof bietet entweder Zimmer oder Ferienwohnungen an – der Tourismus ist hier eindeutig eine der Haupteinnahmequellen.

Wir folgen der gut ausgebauten B 310 durch die sanfte grüne Voralpenlandschaft. Vor dem Ort Wertach lädt rechts von der Straße der Grüntensee zu einem erfrischenden Bad oder zu einer Tretbootfahrt ein. Der idyllisch gelegene Stausee wird von der Wertach gespeist und ist mit seinen Badestränden und zwei Campingplätzen ein stark frequentiertes Naherholungsgebiet.

Geheimnisumwittert und kriminell schön

Nur 500 m vom Weißensee und 6 km von Füssen entfernt liegt der Alatsee, der im Allgäu-Krimi »Seegrund« mit dem berühmten Kommissar Kluftinger eine düstere Hauptrolle spielt. Aber auch im wahren Leben ist der in einer schluchtartigen Senke gelegene kleine Bergsee geheimnisumwittert: In 15–18 m Wassertiefe schwimmt eine leuchtend rote Schicht von Schwefelbakterien, die den See zeitweise rötlich leuchten lassen und die jegliches Leben in dieser Tiefe unmöglich machen. Es sollen dort auch Fabelwesen und Gespenster hausen, und – so berichtet der Volksmund – unvorsichtige Wanderer würden in Erdspalten am See verschwinden!

Kurz nach dem See biegen wir am Kreisverkehr rechts auf die B 309 Richtung Nesselwang ab. Nach wenigen Kilometern erreichen wir Weißbach, biegen hier links erneut auf die B 310 ein und fahren vorbei am Weißensee und dem dahinter liegenden Alatsee in Richtung Füssen. Der fischreiche Weißensee ist im Sommer ein beliebter Badesee und im Winter ein Paradies für Schlittschuhläufer. Wanderfreunde können den See auf einem idyllischen Rundweg erkunden.

Schade, dass wir keine Badesachen dabei haben – so bleibt es bei einem kurzen Fotostopp, bevor wir die Autobahn A 7 kreuzen und kurz darauf die Ortsgrenze von Füssen erreichen.

In der direkt am Forggensee gelegenen Stadt Füssen sollte man eine längere Pause einlegen. Die Wurzeln der Stadt reichen bis in

Da lacht das Autofahrerherz: Unzählige Kurven machen die Fahrt den Jochpass hinauf zu einem einmaligen Erlebnis.

Königliche Hoheit lassen bitten

- In **Schloss Hohenschwangau** wuchs der legendäre Bayernkönig Ludwig II. auf. Die Ursprünge der Anlage gehen auf das 12. Jh. zurück; das bis heute erhaltene Schloss wurde 1832 von König Maximilian II. im neugotischen Stil errichtet. Im Hauptgebäude des Schlosses befindet sich heute ein Museum. Alpseestr. 30, 87645 Schwangau, Tel. 08362/93 08 30, www.hohenschwangau.de
- **Schloss Neuschwanstein:** Das wohl berühmteste Schloss Deutschlands wurde von König Ludwig II. ab 1869 erbaut und bis zu seinem Tod im Jahr 1886 nicht fertig gestellt. Ludwig II. wollte das im Stil mittelalterlicher Ritterburgen geplante Schloss als Privatwohnsitz nutzen. Dazu kann es aber aufgrund ständiger Geldprobleme sowie nach seiner Entmündigung und dem späteren Selbstmord im Starnberger See nicht. Heute ist das Schloss eine der größten Touristenattraktionen Deutschlands und kann ganzjährig besichtigt werden. Sollten Sie allerdings auf Ihrer Tour spontan eine Besichtigung planen, müssen Sie viel Zeit mitbringen, denn die Schlangen vor dem Einlass sind meist riesig. Am besten ist es, sich vorher die Karten für einen bestimmten Tag und eine feste Uhrzeit im Internet zu reservieren. Neuschwansteinstr. 20, 87645 Schwangau, Tel. 08362/93 08 30, www.neuschwanstein.de

Majestätisch beherrscht Schloss Neuschwanstein das Alpenpanorama kurz hinter Füssen.

die Römerzeit zurück, der Ort entwickelte sich an der am Lech entlangführenden Römerstraße Via Claudia Augusta. Man vermutet aufgrund von Ausgrabungen, dass sich hier bereits um das Jahr 260 n. Chr. ein römisches Militärlager befand.
Heute ist Füssen eher bekannt als Touristenmagnet für die in unmittelbarer Nähe stehenden Königsschlösser Neuschwanstein und Hohenschwangau. Darüber hinaus ist die Stadt ein wichtiger Kreuzungspunkt verschiedener Ferienstraßen: Sie liegt an der Schwäbischen Bäderstraße, und die Romantische Straße endet hier und kreuzt sich mit der Deutschen Alpenstraße.
Sehenswert sind das direkt am Forggensee gelegene Festspielhaus Neuschwanstein, das Hohe Schloss mit einer Filiale der Bayerischen Staatsgemäldesammlung sowie der Städtischen Gemäldesammlung und seiner bemerkenswerten Architektur, das ehemalige Benediktinerkloster St. Mang sowie die Frauenkirche am Berg. Auch die Altstadt mit ihrem fast italienischen Flair lädt zum Bummeln und Verweilen in einem der Cafés oder Restaurants ein.
Ein großartiges, etwas versteckt direkt an der Hauptstraße liegendes Naturschauspiel ist der Lechfall von Füssen, den man erreicht, wenn man auf der B 17 ein paar Meter Richtung Österreich fährt. Etwa 700 Meter vor der Grenze gibt es Parkplätze, von denen aus man den Lechfall schon sieht. Über fünf steinerne Stufen stürzen die Wassermassen des Lechs etwa zwölf Meter in

die Tiefe. Auf einer schmalen Fußgängerbrücke steht man direkt über der Lechschlucht, der einzigen noch im Naturzustand erhaltenen Schlucht im bayerischen Alpenraum. Beim Blick Richtung Füssen sieht man die tief eingeschnittene Klamm, die der Fluss in Millionen von Jahren durch die Felsen getrieben hat; in der anderen Richtung fließt der Fluss durch die verschlafenen Lechauen, die man auf ausgeschilderten Wanderwegen problemlos erkunden kann.

Wir verlassen Füssen auf der B 17 in Richtung Halblech und Steingaden, immer den Wegweisern »Hohenschwangau/Königsschlösser« folgend; der Lech begleitet uns in einiger Entfernung links von der Straße. Wir befinden uns jetzt im Pfaffenwinkel, und es wird »königlich-bayerisch«. Bei Steingaden biegen wir von der B 17 nach rechts ab auf die St 2059 in Richtung Wildsteig/Rottenbuch. Die kleine, aber gut ausgebaute Steingadener Straße führt in sanften Windungen durch Waldstücke, an Äckern und Weiden voller Braunvieh vorbei, und mündet in eine T-Kreuzung an der B 23.

Wir biegen rechts ab Richtung Bad Bayersoien und überfahren auf der Echelsbacher Brücke in 79 Metern Höhe die Ammerschlucht. Die Brücke wurde 1929 fertig gestellt und galt lange Zeit als weitest gespannte Bogenbrücke der Welt. Für etwa 20 Kilometer bleiben wir nun auf der langsam ansteigenden B 23 – nach rechts genießen wir den Blick auf die Alpen, links erfreuen wir uns an den sanften Almwiesen, die so typisch für das Voralpenland sind – und passieren dabei Bad Bayersoien und Saulgrub. Hier haben wir nun erstmals einen freien Blick auf die Ammergauer Alpen, die auch als Ammergebirge bekannt sind. Danach geht es einige Kilometer praktisch kurvenfrei beständig leicht bergab. Wir fahren durch Unterammergau, bis wir in Ober-

Von Römern und Heiligen

- **Seilbahn und Römersiedlung am Tegelberg:** Direkt an der auf den Tegelberg führenden Seilbahn (www.tegelberg-bahn.de/roemer-tegelberg.html) können die Überreste einer römischen Siedlung und eines Badehauses besichtigt werden, die beim Bau der Bergbahn in den 1960er-Jahren ausgegraben wurden. Vom Gipfel des 1780 m hohen Tegelbergs genießt man eine prachtvolle Rundumsicht auf die Alpen.
- Die **Wieskirche** bei Steingaden ist eine erstaunlich prunkvoll ausgestattete Wallfahrtskirche in Rokokostil, die einen Abstecher wert ist (dazu kurz nach Steingaden auf der St 2059 nach rechts abbiegen und den Hinweisschildern zur Wieskirche folgen). Sie wurde 1983 zum Weltkulturerbe erklärt und 1985 aufwändig restauriert. Wies 12, 86989 Steingaden, Tel. 08862/93 29 30, www.wieskirche.de

ammergau erneut einen kurzen Stopp einlegen. Die Gemeinde im Ammertal ist vor allem bekannt durch die alle zehn Jahre stattfindenden Passionsspiele sowie durch ihre Kunsthandwerker, Holzschnitzer und die Lüftlmalerei an den alpenländischen Häusern. Die Kunst des Holzschnitzens reicht weit zurück: Schon im Jahr 1111 sollen Rottenbucher Mönche hier Haushaltsgerätschaften geschnitzt haben – der Weg zu den heute so populären religiösen Motiven war da nicht mehr weit. Sie sollten sich unbedingt auch Zeit für einen Spaziergang durch den Ort nehmen, um die prachtvollen, mit Lüftlmalereien verzierten alten Häuser zu bewundern. Viele Motive sind religiöser Natur, aber auch das Alltagsleben der Menschen kommt nicht zu kurz. Das Passionsspiel wird seit 1634, als die Pest im Ort wütete, alle zehn Jahre aufgeführt. Die 41. Passionsspiele fanden 2010 statt und wurden von mehr als 500 000 Besuchern aus aller Welt besucht.

Essen & Trinken

- **Lindau/Bodensee:** Restaurant Zum Alten Rathaus, Salzgasse 2, 88131 Lindau: Das freundlich eingerichtete Restaurant im Herzen der Insel Lindau verwöhnt seine Gäste mit regionalen Fischspezialitäten, aber auch Fleischfreunde kommen auf ihre Kosten. Die Karte ist klein, dafür sind die Gerichte frisch und die Preise erstaunlich zivil. **Oberjoch:** Moorhütte, Paßstraße 51, 87541 Oberjoch, Tel.: (08324) 7249, www.moorhuette.de: Nach Oberjoch an der B308 gelegen, bietet die Moorhütte tagsüber deftige Brotzeiten und regionale Schmankerl. Am Abend stehen vor allem Wildgerichte auf der Karte.
- **Ettal:** Hotel Gasthof Blaue Gams, Vogelherdweg 12, 82488 Ettal, Tel.: (0822) 6449, www.blaue-gams.de: Auf der Terrasse genießt man einen grandiosen Blick auf das Kloster und auf die Alpen. Die Karte bietet von bayerischen Schmankerln bis hin zu Fisch, internationaler Küche und vegetarischen Gerichten eine große Auswahl. Besonders zu empfehlen ist der »Bayerische Schweinebraten in Dunkelbiersoße«.

Kurz hinter Oberammergau, immer noch auf der B23, gelangen wir nach Ettal; der Ort wird vollständig von der riesigen und prachtvollen Anlage von Kloster Ettal beherrscht. Wie in Oberammergau beherrscht in den Geschäften religiöse Kunst neben alpenländischem Kitsch das Angebot, und wie im Passionsort übervölkern Touristenbusse die Parkplätze. Trotz der Menschenmengen ist ein Besuch der prachtvollen Barock-Klosteranlage mit dem charakteristischen Kuppelbau und dem opulent ausgestatteten Kirchenschiff unbedingt zu empfehlen.

Zur Erholung sollten Sie anschließend im Hotel-Gasthof »Blaue Gams« einkehren, das über die Klosterstraße von der Hauptstraße aus erreichbar ist und etwa 100 Meter über der Klosteranlage liegt. Vom Biergarten aus hat man bei einer leckeren Brotzeit oder einem deftigen Schweinsbraten und einem frisch gezapften Klosterbier einen überwältigen Blick von oben auf das Kloster und auf das dahinter liegende Alpenpanorama.

Bis nach Garmisch-Partenkirchen, dem Ziel der ersten Etappe, warten noch knapp zehn Kilometer Fahrt auf uns – und kurz vor Oberau wird es zum ersten Mal nach dem Oberjochpass richtig kurvig: Die Ettaler Bergstraße windet sich in mehreren Serpentinen hinab nach Oberau, bevor wir rechts auf die gut ausgebaute B2 abbiegen, die uns an der Loisach entlang direkt nach Garmisch-Partenkirchen bringt. Nach dem Tunnel bei Farchant halten wir uns rechts auf der Burgstraße, denn dort liegt – erreichbar über eine kleine, versteckte Auffahrt – auf der rechten Straßenseite das Grand-Hotel Sonnenbichl, in dem wir die Nacht verbringen werden.

Auf dem Weg nach Oberammergau begegnen uns immer wieder Sonnenanbeter, die den Fahrtwind ebenso genießen wie wir.

Unterkunft

Auf der Website der Deutschen Alpenstraße (s. o.) gibt es für fast jeden Ort eine Liste empfohlener Hotels und Freizeittipps.

- **Gasthaus Seerose**, Nitzenweiler, 88079 Kressbronn/Bodensee, Tel. 07543/64 89, www.gasthaus-seerose.de: Geheimtipp, ca. 10 km außerhalb von Lindau. Adalbert Rist ist mit Leib und Seele Gastwirt; in seinem Gasthaus setzt er auf hochwertige regionale Küche, die Gästezimmer sind hell und modern im Landhausstil eingerichtet, und die herrlichen Obstler und Brände aus der eigenen Brennerei sind allein schon den Abstecher nach Kressbronn wert. Auch der Biergarten ist liebevoll angelegt und lädt zu einer entspannten Pause ein.
- **Hotel Sommer**, Weidachstr. 74, 87629 Füssen, Tel. 08362/91 47-0, www.hotel-sommer.de: Die höchstgelegene Stadt Bayerns (800–1200 m), am Schnittpunkt von Romantischer Straße und Alpenstraße, bietet sich mit ihren vielen Sehenswürdigkeiten für einen etwas längeren Aufenthalt an. Das Wellness-Hotel Sommer ist dafür eine gute Adresse. Es bietet Komfort, viele Wellnessangebote und einen grandiosen Blick auf die Alpen.
- **Grand-Hotel Sonnenbichl**, Burgstr. 97, 82467 Garmisch-Partenkirchen, Tel. 08821/70 20, www.sonnenbichl.de: Klassisches Grandhotel am Ortseingang von Garmisch, ruhig und dennoch zentrumsnah; mit großem Wohlfühlangebot, stilvoller Einrichtung, gediegenem Service und einem atemberaubenden Blick auf die Alpen.

2 Alpenidylle und Fahrspaß

Die Deutsche Alpenstraße von Garmisch-Partenkirchen zum Tegernsee

Etappen
Garmisch-Partenkirchen–Krün: 17 km; Krün–Benediktbeuren: 32 km; Benediktbeuren–Bad Tölz: 19 km; Bad Tölz–Sylvensteinsee: 24 km; Sylvensteinsee–Achenpass: 9 km; Achenpass–Rottach-Egern: 20 km; Rottach-Egern–Tegernsee: 5 km; Tegernsee–Gmund: 4 km; Gesamtstrecke: 130 km

Anreise
Von München über die A 95 bis Garmisch oder auf der Landstraße auf der B 2 über Starnberg/Weilheim

Information
Touristikverein Deutsche Alpenstraße e. V., c/o Alpin Consult, Siedlerstr. 10, 83714 Miesbach, Tel. 08025/924 49 52, www.deutsche-alpenstrasse.de
Alpenregion Tegernsee Schliersee e. V., Hauptstr. 2, 83684 Tegernsee, Tel. 08022/927 38 90, www.tegernsee-schliersee.de

Unterkunft
Feichtnerhof, Kaltenbrunnerstr. 2, 83703 Gmund (Finsterwald), Tel. 08022/9684-0, www.feichtner-hof.de

Der zweite Teil unserer Tour entlang der Deutschen Alpenstraße führt quer durch Oberbayern ins Tölzer Land. Auf uns warten idyllische Straßen, romantische Ortschaften und grandiose Blicke auf die Alpen und die bayerische Landschaft.

Nach einer komfortablen Nacht im Grand-Hotel Sonnenbichl genießen wir das opulente Frühstück bei herrlichem Sonnenschein auf der Terrasse, die einen überwältigenden Blick auf die Berglandschaft bietet. Aber wir haben heute noch 200 herrliche Streckenkilometer vor uns und möchten die Sonne nutzen. Also: Dach runter, Motor starten, und los geht's!
Wir fahren zunächst auf der Burgstraße ins Ortszentrum. Dort überqueren wir die Loisach, biegen dann in die Parkstraße und halten uns nach einem weiteren Kilometer rechts auf die B 2 in

Richtung Krün. Die Bundesstraße ist breit ausgebaut und wird an beiden Seiten von dichtem Baumbestand begrenzt – wir fahren also teilweise im Schatten, was aber bei dem warmen Wetter sehr angenehm ist.

Knapp 20 Kilometer bummeln wir so durch das Werdenfelser Land, passieren den Barmsee und das Isarstauwehr und erreichen dann Krün. Der kleine Ort bietet gleich drei Sehenswürdigkeiten: das denkmalgeschützte Schloss Elmau, Schloss Kranzbach, das 1955 als Kulisse für eine Ganghofer-Verfilmung diente, sowie direkt im Ort die kleine Rokokokirche St. Sebastian. Auch die Lüftmalerei am Hotel Post an der Hauptstraße ist sehenswert und fotografierwürdig.

Hinter Krün biegen wir auf die B 11 und fahren weitere 20 Kilometer auf der gut ausgebauten, fahrerisch aber eher uninteressanten Bundesstraße Richtung Walchensee. Ab Wallgau begleitet uns der Obernachkanal bis nach Obernach, wo er in den Wal-

Krün und das nur knapp 2 Kilometer entfernte Wallgau (hier das historische Gasthaus Zur Post in Wallgau) sind genauso romantisch, aber wesentlich ruhiger als das Tourismuszentrum Garmisch-Partenkirchen.

chensee fließt. Mit einer maximalen Wassertiefe von 79 Metern und über 16 Quadratkilometern Fläche ist dieser einer der tiefsten und größten Seen der deutschen Alpen.
Am Südufer des Walchensees haben wir nun zwei Alternativen für die Weiterfahrt: Entweder bleiben wir auf der B 11 und fahren

Die neun Kilometer lange Kesselbergstraße zwischen Walchensee und Kochelsee garantiert Fahrspaß, ist allerdings an Wochenenden stark von Motorradfahrern frequentiert.

direkt am Westufer des Sees nach Urfeld, oder wir biegen bei Obernach kurz vor dem See rechts ab Richtung Jachenau und folgen dem östlichen Seeufer auf etwa 14 Kilometern Strecke – dies ist die interessantere Route. Eigentlich eine Mautstraße, konnten wir sie ohne Obulus befahren, weil die Schranke oben und das Kassenhäuschen verlassen war.
Anders als bei der Strecke am Westufer erlebt man auf der Fahrt durch die Jachenau eine kleine Zeitreise, und man fühlt sich in die 1950/60er-Jahre zurückversetzt. Der See ist linker Hand fast in greifbarer Nähe, am naturbelassenen Ufer sitzen vereinzelte Angler, auf kleinen Naturstränden räkeln sich Pärchen auf Decken, und auf dem See tänzeln kleine Boote auf den sanften Wellen. Nur alle paar Kilometer sieht man eine kleine, meist windschiefe Hütte, und auf der rechten Seite ist die Straße von dichtem Wald begrenzt. Idyllisch ist das passende Wort für diesen von der Neuzeit scheinbar unberührten Stre-

ckenabschnitt, der durch eines der waldreichsten Gebiete Deutschlands führt.

Am Ende des Sees endet die Mautstraße. Wir fahren an einer Waldschänke vorbei und erreichen nach etwa 1,5Kilometern eine Y-Kreuzung, wo wir nach rechts auf die St2072 abbiegen. Das Flüsschen Jachen begleitet uns die etwa fünf Kilometer bis in den Ort Jachenau, der mit 842 Einwohnern kleinsten bayerischen Gemeinde mit eigener Verwaltung. Der Umweg lohnt sich allein schon wegen des gleichnamigen urbayerischen Gasthofs Jachenau, der mit seiner rustikalen, gemütlichen Stube und mit deftigen regionalen Gaumenfreuden gefällt. Wir parken vor der lüftlbemalten Fassade und gönnen uns eine kleine Stärkung für die weitere Strecke, bevor wir die Straße wieder bis zum Abzweig zurückfahren und dort rechts Richtung Urfeld abbiegen.

Der Walchensee und seine Künstler

Am oberen Ende des Walchensees befindet sich in Urfeld das **Walchenseemuseum**, das 2008 zum 150.Geburtstag von Lovis Corinth im ehemaligen Hotel Post in Urfeld eröffnet wurde. Neben vielen Werken dieses Künstlers beherbergt das Museum auch eine umfangreiche heimatkundliche Sammlung der Region Walchensee und Kochelsee, eine Reihe von Exponaten der Familien Richard Wagners und Franz Liszts sowie Exponate aus der Geschichte des legendären, 1907 erstmals ausgetragenen Kesselbergrennens. Urfeld 4, 82432 Urfeld, Tel. 08851/6159920, www.walchenseemuseum.de

Nach wenigen Kilometern Fahrt durch den dichten Wald passieren wir den Seppenbauernhof, der heutzutage jedoch mehr Feriengäste als Ländereien bewirtschaftet, und sind wieder direkt am Walchensee angekommen, diesmal in Urfeld, einem Ortsteil der Gemeinde Kochel. Urfeld ist seit Anfang des letzten Jahrhunderts ein quirliger Urlaubsort und kann Berühmtheiten wie den Maler Lovis Corinth oder den Nobelpreisträger Werner Heisenberg zu seinen ehemaligen Bürgern zählen. Kulturfreunde sollten dem Walchenseemuseum einen Besuch abstatten, das Kunst, Geschichte und Kultur der Region Walchensee, Kochelsee, Jachenau und Herzogstand präsentiert und außerdem viele Werke von Corinth zeigt.

Nun folgt der fahraktivste Teil der heutigen Etappe: über die Kesselbergstraße zwischen Walchen- und Kochelsee. Auf etwa neun Kilometern heißt es nun kurbeln, denn die gut ausgebaute B11 wird zwischen Urfeld und dem Kochelsee zum Kurvenparadies. Etwa nach der halben Strecke beginnt die Abfahrt von der etwa 850Meter hoch gelegenen Passhöhe hinunter zum Kochel-

see mit ihren zahlreichen Serpentinen.

Seit Jahrzehnten ist der Kesselberg der Hausberg vieler Münchner Motorradfahrer, und es kam hier fast regelmäßig zu schweren Unfällen und illegalen Rennen verhinderter Motorrad-Weltmeister. Deshalb ist die Kesselbergstraße seit vielen Jahren vom Kochelsee in Richtung Walchensee an Wochenenden und Feiertagen für Motorradfahrer gesperrt; sie bleibt allerdings weiterhin ein beliebtes Ziel der Zweiradfreaks, die nun eben andersherum fahren.

Franz und der »Blaue Reiter«

In Kochel am See entstand 1986 zu seinen Ehren das **Franz Marc Museum**, in dem über 150 Werke und viele persönliche Gegenstände und Dokumente des Künstlers ausgestellt sind. Auch Werke von Kandinsky, Münter, Jawlensky und Klee sowie von Zeitgenossen aus dem Künstlerkreis der »Brücke« werden hier ausgestellt und belegen den Einfluss, den Franz Marc und die übrigen Maler aus dem Kreis des »Blauen Reiters« auf die Entwicklung der expressionistischen Malerei ausübten.

Franz-Marc-Park 10, 82431 Kochel,
Tel. 08851/924880, www.franz-marc-museum.de;
ganzjährig Di–So geöffnet

Vorsicht ist auch für Autofahrer geboten, denn auf der Kesselbergstraße gelten Überholverbot und eine Geschwindigkeitsbegrenzung von 60 km/h, die intensiv überwacht wird!
Gleich hinter Urfeld warten die ersten drei, vier Kehren auf uns. Die folgenden drei Kilometer führen mit sanften Schwüngen durch den Wald, dann geht es mit vielen Kurven und Serpentinen sanft bergab, bis wir am Campingplatz Renken direkt am Kochelsee ankommen. Der Blick nach Norden schweift bereits über das flache Voralpenland mit den Loisach-Kochelsee-Mooren, während der Osten, der Süden und der Westen von Bergen dominiert werden.
Nach dem kurvenreichen Abstieg sind die zwei Kilometer Fahrt entlang des Kochelsees bis zum Franz Marc Museum eine kleine Erholung. Franz Marc, einer der bedeutendsten deutschen Künstler des 20. Jahrhunderts, lebte seit 1914 in Kochel am See, also im Oberland, das er sein »Blaues Land« nannte. In dem 1986 eröffneten Museum sind über 150 Werke von Franz Marc zu sehen, dazu persönliche Gegenstände und Schriftstücke aus seinem Nachlass und Werke seiner Freunde Paul Klee, Gabriele Münter und anderen.
Schon das Museumsgebäude ist sehenswert. Die traumhafte, in einem großen Garten liegende Jahrhundertwende-Villa wurde 2008 um einen sehr sachlichen, an das Bauhaus erinnernden Neubau ergänzt. Hier sind nun alle Ausstellungen untergebracht, während die alte Villa Ateliers, die Verwaltung und das Restaurant »Zum Blauen Reiter« beherbergt. Auf der Sonnenterasse mit Blick auf den Kochelsee und das Bergpanorama gönnen wir uns ein schmackhaftes Mittagsmahl – die Karte mit wirklich leckeren regionalen Spezialitäten ist klein, dabei sind die Preise erfreulich bodenständig. Das nächste Ziel unserer Autowanderung ist das Kloster Benediktbeuern, das bereits im Jahr

Kloster, Kräuter und ein Bräustüberl

Vermutlich 728, also vor knapp 1300 Jahren, wurde das **Kloster Buron** von Karl Martell gegründet. Es sollte vor dem Kesselberg als Wach- und Kontrollpunkt dienen und wurde bereits wenige Jahre später (739/40) zur Benektinerabtei. Bis zur Säkularisation im Jahr 1803 war das Kloster die Heimat der Benediktiner. Danach wurde es erst als Glashütte genutzt, später dann als Fohlenhof, Kaserne, Invalidenheim und Gefängnis. Erst 1930 zogen wieder Mönche der Salesianer Don Boscos in das Kloster ein. Besucher können heute die prachtvollen Bauten des Klosters im Rahmen von Führungen erkunden. Das Klostercafé und der Bräustüberlladen laden zum gemütlichen Verweilen ein und die Klostergärtnerei sowie der Kräuter-Erlebnis-Laden zum Stöbern und Einkaufen. Don-Bosco-Str. 1, 83671 Benediktbeuern, Tel. 08857/88-0, www.kloster-benediktbeuern.de

Linke Seite: Die Marktstraße in Bad Tölz mit ihren typisch alpenländischen Barockhäusern ist einen Spaziergang wert.

725 erstmals erwähnt und 739 als Benediktinerkloster eingerichtet wurde. Heute beherbergen die historischen Mauern eine Niederlassung der Don-Bosco-Ordensgemeinschaft, eine Jugendherberge und zwei kirchliche Hochschulen. Das Kloster kann das ganze Jahr über entweder auf eigene Faust oder mit Führungen besichtigt werden, die Öffnungszeiten variieren allerdings mit den Monaten – und natürlich wartet auch hier ein Kloster-Café auf hungrige und durstige Gäste. Nach einer kurzen Pause fahren wir weiter über Penzberg und Bad Heilbrunn nach Bad Tölz. Die pulsierende Stadt am Ufer der Isar ist das nördliche Tor zum Isarwinkel – von hier aus genießt man grandiose Aussichten auf die Kalkalpen Bayerns und Tirols. Bad Tölz bietet viele Freizeitmöglichkeiten wie das Erlebnisbad Alpamare, das leider Ende August 2015 geschlossen wird, als Alternative bleibt für Baderatten das Naturfreibad Eichmühle in der Eichmühlstraße, aber auch Kulturfreunde kommen auf ihre Kosten, z.B. im Stadtzentrum in der Marktstraße mit ihren oftmals barocken und mit Lüftlmalerei verzierten Häusern der einstmals »besseren« Familien der Stadt. Auch das älteste erhaltene Gebäude des Isarwinkels, die 1454 erbaute Stadtpfarrkirche Mariä Himmelfahrt, befindet sich in Bad Tölz.

Pflichtprogramm für Kurvenliebhaber

Engtal – Ahornboden, Mautstrecke, 25 km Streckenlänge

Westlich des Sylvensteinstausees findet sich eine der schönsten alpenländischen Strecken überhaupt: die Mautstrecke durchs Engtal hinauf zum Großen Ahornboden – ein Pflichttermin für jeden Kurvenliebhaber! 25 km lang, ist die Strecke vom Frühling bis in den Herbst hinein ein kurvenreicher Leckerbissen. Wohl selten bekommt man für 4,50 Euro Maut so viel landschaftlichen und fahrerischen Gegenwert – und am Ende der Strecke wartet der Gasthof in der Eng mit einer Stärkung und unvergleichlichem Panorama auf uns.

Vom Kalvarienberg, der sich nur einige Hundert Meter von der Isar entfernt im Norden über der Stadt erhebt, hat man einen unverbaubaren Panoramablick über den Isarwinkel bis hin zum Karwendelgebirge. Wir haben den Wagen in der Innenstadt geparkt und vertreten uns auf der kurzen Strecke hinauf zum Kalvarienberg die Füße.

Weiter geht's mit guter Laune und offenem Dach wieder in Richtung Süden. Die B13 folgt auf 25Kilometern dem Lauf der Isar bis zum Sylvensteinspeicher. Die Isar selbst bleibt meist hinter dichtem Wald verborgen, auf der linken Straßenseite

Rechte Seite oben: Im Kloster Benediktbeuern schlendern wir durch den Kräutergarten und erfrischen uns im Kloster-Café mit einem kühlen Drink.

Unten: Blick auf den Walchensee

wechseln sich Felder, Wiesen und kleinere Ortschaften ab. Fahrerisch ist das eher uninteressant, umso mehr genießen wir das schöne sonnige Wetter und die laue Brise im offenen Cabrio.

Beim Ort Sylvenstein biegt die Straße scharf links auf die B307 ab und folgt dem Südufer des sieben Kilometer langen Stausees. Im Osten mündet der Fluss Walchen in den Stausee. Wir nähern uns nun dem Achenpass, der direkt an der Grenze zu Österreich verläuft. Fahrerisch ist der Pass auf 941 Metern Höhe und einer maximalen Steigung von 8,7 Prozent recht anspruchslos, aber die grandiose Aussicht nach Westen über den Sylvensteinspeicher, nach Nordosten ins Tegernseer Tal und nach Süden zum Achensee nimmt unsere Auf-

Rechte Seite: Das 1er-Cabrio von BMW begeistert mit seinem Komfort, souveräner Kraft und zivilen Trinksitten.

merksamkeit so in Anspruch, dass wir über die fehlenden fahrerischen Herausforderungen eher dankbar sind.

Da wir etwas Zeit haben, überqueren wir, bevor wir den Achenpass in Angriff nehmen, noch kurz die Grenze nach Österreich, um unseren Tank mit dem dort spürbar günstigeren Kraftstoff zu füllen.

Von der Passhöhe aus führt die B 307 etwa 14 Kilometer lang durch das dicht bewaldete und einsame Weißachtal bis nach Wildbad Kreuth. Auf halber Strecke stoßen wir auf die Weißach, die uns nun bis nach Wildbad Kreuth rechts der Straße begleitet. Bekannt ist Wildbad Kreuth bis heute vor allem durch den 1976 dort gefassten, aber nie wirklich umgesetzten Trennungsbeschluss der CSU-Fraktion und die Klausurtagungen der CSU-Bundestagsfraktion, die dort bis 2016 stattfanden.

Bis Rottach-Egern, kurz vor dem Tegernsee, bleiben wir auf der B 307, immer die Weißach im Blick. Bei Rottach-Egern könnten wir jetzt links abbiegen und auf der B 318 am westlichen Seeufer entlang und über Bad Wiessee nach Gmund, unserem Etappenziel, fahren.

Wir entscheiden uns jedoch für die Ostseite, denn wir möchten in Tegernsee das direkt am See gelegene Kloster Tegernsee besichtigen. Das ehemalige Kloster wird heute unterschiedlich genutzt: Im Nordtrakt ist das Brauhaus Tegernsee untergebracht, das im Westflügel auch das urige Bräustüberl betreibt. In dem Gebäudekomplex befindet sich ebenso die Pfarrkirche St.Quirin, die ehemalige Klosterkirche. In weiteren Gebäuden sind das Gymnasium Tegernsee sowie ein Restaurant untergebracht. Nach einem Rundgang durch die Anlage gönnen wir uns im Biergarten des Bräustüberls eine kurze Pause und genießen den Blick auf den See sowie eine

Rottach-Egern und Bad Wiessee

- **Rottach-Egern:** Die Gemeinde im Tegernseer Tal ist eine der reichsten Gemeinden Deutschlands. Viele mehr oder weniger Prominente haben hier ihren Zweitwohnsitz. Der Tegernsee, das Mangfallgebirge und vor allem der Rottacher Hausberg, der Wallberg, sind Touristenmagnete. Am Wallberg treffen sich bei gutem Wetter viele Paraglider, die dort ihren Sport ausüben. Zahlreiche historische Bauten im alpenländischen Stil tragen zum Charme der Gemeinde bei. Vor allem die Seestraße, die im Sommer blumengeschmückte Flaniermeile des Orts, lädt mit ihren Geschäften, Gasthäusern und Restaurants zum Bummeln ein.
- **Bad Wiessee:** Der Kurort ist für seine jod- und schwefelhaltigen Heilquellen bekannt – und natürlich für seine Spielbank. Eine lange Seepromenade lädt auch hier zum Bummeln ein. Sehenswert ist der Dorfplatz in Alt-Wiessee mit seinen gut erhaltenen Bauernhäusern, die im Kern noch aus dem 17. Jh. stammen.

kühle Halbe, bevor wir die letzten Kilometer am See entlang unter die Räder nehmen und in Gmund unser Hotel beziehen. Wir sind im Feichtnerhof abgestiegen, was sich als rundum glückliche Entscheidung erwies: Unser Doppelzimmer ist freundlich mit viel hellem Holz möbliert und bietet viel Platz für zwei, das Wirtshaus überzeugt uns mit dem großen Gewölbe, und auch die Speisekarte begeistert uns mit Angeboten wie zartem Rindertafelspitz und einem Marillenpalatschinken als Nachspeise.

Essen & Trinken

Herzogliches Bräustüberl Tegernsee, Schlossplatz 1, 83684 Tegernsee, Tel. 08022/41 41, www.braeustueberl.de: »Uriger geht's nimma«, würde der Bayer wohl sagen – das Wirtshaus auf dem Gelände des Klosters Tegernsee, direkt am Tegernsee, schenkt natürlich das gute Bier vom gleich nebenan befindlichen Brauhaus Tegernsee aus, und auf der Karte wird neben einem täglich wechselnden günstigen Tagesgericht die ganze Palette bayerischer Schmankerl angeboten.

3 Alpentour, Kultur und Natur

Die Deutsche Alpenstraße vom Tegernsee nach Berchtesgaden

Etappen
Gmund/Tegernsee–Schliersee: 12 km; Schliersee–Bayrischzell: 15,5 km; Bayrischzell–Tatzelwurm/Oberaudorf: 13 km; Tatzelwurm–Reit im Winkl: 35 km; Reit im Winkl–Masererpass: 4 km; Masererpass–Ruhpolding: 26 km; Ruhpolding–Bad Reichenhall: 26 km; Bad Reichenhall–Berchtesgaden: 19 km; Berchtesgaden–Rossfeldhöhenstraße: 10 km; Rossfeldhöhenstraße: 16 km; Gesamtstrecke: ca. 160 km

Anreise
Von München über die A 95 bis Garmisch oder auf der Landstraße auf der B 2 über Starnberg/Weilheim

Information
Touristikverein Deutsche Alpenstraße e. V., c/o Alpin Consult, Siedlerstr. 10, 83714 Miesbach, Tel. 08025/924 49 52, www.deutsche-alpenstrasse.de
Alpenregion Tegernsee Schliersee e. V., Hauptstr. 2, 83684 Tegernsee, Tel. 08022/ 927 38 90, www.tegernsee-schliersee.de
Chiemsee-Alpenland Tourismus GmbH & Co. KG, Felden 10, 83233 Bernau am Chiemsee, Tel. 08051/96 55 50, www.chiemsee-alpenland.de
Berchtesgadener Land Tourismus GmbH, Bahnhofplatz 4, 83471 Berchtesgaden, Tel. 08652/65 65 00, www.berchtesgadener-land.com

Der dritte Teil und letzte Teil unserer Tour entlang der Deutschen Alpenstraße beginnt am lieblichen Tegernsee, führt durch eine typische Alpenlandschaft und endet auf dem höchsten Parkplatz Deutschlands.

Nach einer erholsamen Nacht am Tegernsee genießen wir unser Frühstück im Hotel. Das Wetter scheint vielversprechend. Es ist zwar morgens noch etwas kühl, aber wir sind sicher, das bis Mittag wieder sonniges Cabriowetter herrschen wird.

Nachdem wir ein kurzes Stück am See entlanggefahren sind, biegen wir am Kreisverkehr beim Strandbad nach Osten ab auf die St 2076 in Richtung Schliersee. Nach gut zehn Kilometern Fahrt durch weitläufiges Ackerland ohne eine einzige größere Siedlung durchfahren wir Hausham und biegen im Ort rechts ab auf die B 307, die direkt zum Ort Schliersee am nördlichen Ufer des Schliersees führt.

Dort warten gleich mehrere Attraktionen auf uns: natürlich der Ort selbst, das von Markus Wasmeier errichtete Freilichtmuseum und eine hochprozentige Delikatesse.

Doch gehen wir der Reihe nach vor: Der in einem windgeschützten Tal liegende Schliersee und sein Umland gehören zu den beliebtesten Freizeitzielen der Münchner – bei schönem Wetter ist hier immer viel los. Die Gemeinde Schliersee strahlt die typische oberbayerische Gemütlichkeit aus, mit schönen alten Bauernhäusern, netten Wirtschaften und dem Blick auf das Mangfallgebirge mit den Bergen Aiplspitz, Bodenscheid, Brecherspitz und Jägerkamp.

Nicht nur die Fans des Skistars Markus Wasmeier sollten dem im Jahr 2007 im Ortsteil Neuhaus eröffneten Freiluftmuseum einen Besuch abstatten. Um dorthin zu gelangen, fahren wir von Schliersee aus am Seeufer entlang auf der B 307 bis Neuhaus. Das Museum zeigt historische Bauernhäuser, das bäuerliche Leben in der Region um das Jahr 1800 – und es hat auch einen zünftigen Museums-Gasthof mit Biergarten, der zum Verweilen einlädt.

Eingebettet in die Alpenlandschaft ist der Schliersee ein beliebtes Ausflugsziel der Münchner. Neben Kultur und rustikalen Wirtschaften erwarten einen hier auch herrliche Ausflugsstraßen.

Das hochprozentige Highlight heißt »Slyrs« und befindet sich ebenfalls im Wasmeier'schen Geburtsort Neuhaus.

Der Begriff geht auf das Jahr 779 zurück, als fünf Mönche am Schliersee das Kloster Slyrse gründeten. Aus Slyrse wurde im Lauf der Zeit Schliers und schließlich Schliersee. Heute steht »Slyrs« für die einzige Destillerie in Bayern, in der seit 1999 feinster Single-Malt-Whisky hergestellt wird. Für Kenner ist der bayerische Single Malt ein Hochgenuss. Man kann im Ladengeschäft das edle Getränk kaufen – allerdings pro Person immer nur eine Flasche! –, die Destillerie in eigener Regie besichtigen oder eine Führung mitmachen (diese muss im Voraus gebucht werden – s. Kasten).

Das Grab des Wildschütz Jennerwein

Der 1848 geborene »Girgl« Jennerwein pflegte das illegale Jagdhandwerk und hatte einen Ruf als Gstanzlsänger, Raufbold und Weiberheld. Am 15. November 1877 wurde seine Leiche am Peißenberg gefunden. Von wem und warum er erschossen wurde, blieb ungeklärt. Seine letzte Ruhestätte ist der Friedhof der Gemeinde Schliersee in Westenhofen. Die mysteriösen Umstände seines Todes machten ihn zur Legende und zum Symbol der Auflehnung gegen die Obrigkeit in Bayern.

Rechte Seite: In diesen Fässern reift der edle Whisky aus Oberbayerns einziger Whisky-Destille Slyrs.

Unser nächstes Ziel heißt Bayrischzell, und so fahren wir über die B 307 in sanften Kurven durchs Alpenvorland am Fuß des Wendelsteingebirges. Im Winter sind der Wendelstein und das Sudelfeld populäre und meist überlaufene Skigebiete; im Sommer und Herbst finden vor allem Wanderer und Naturfreunde den Weg in die Berge – oder Cabriofreunde, die schöne Landschaften und romantische Landstraßen lieben.

Historisches und Hochprozentiges

- **Markus Wasmeier Freilichtmuseum:** Auf rund 60 000 m² sind 10 historische Gebäude aus dem Oberland detailgetreu wieder aufgebaut. In diesen wird das bäuerliche Leben des 18. Jh. zum Leben erweckt. Auch zum Teil vom Aussterben bedrohte Haustierrassen wie das Bergschaf, Hühner, Schweine, Gänse und Kühe leben hier. Brunnbichl 5, 83727 Schliersee/Neuhaus, Tel. 08026/929 22-0, www.wasmeier.de
- **Slyrs** ist einer der wenigen Whisky-Hersteller in Bayern, der Single-Malt-Whisky produziert. Die Destillerie kann besichtigt werden, und natürlich gibt es auch einen Shop, in dem man Slyrs-Produkte kaufen kann. Bayrischzeller Str. 13, 83727 Schliersee, Tel. 08026/922 27 95, www.slyrs.de

Hinter Bayrischzell erwartet uns auf fast 15 Kilometern die nach dem bayerischen Fabeltier benannte Tatzelwurmstraße, eine herrlich kurvenreiche Strecke mit einigen schönen Spitzkehren. Zuerst auf der B 307, dann auf der nach rechts von der Hauptstraße abzweigenden Kreisstraße RO 52 fahren wir hinauf bis zum Weiler Tatzelwurm, der hauptsächlich aus dem Wellness-Hotel »Feuriger Tatzlwurm« besteht, wo wir parken, um die Wasserfälle zu bestaunen. Wenige Meter vom Weiler entfernt stürzen die Wassermassen des Auerbachs

95 Meter in die Tiefe hinab, in eine schmale, von Bäumen umrandete Klamm. Man sieht die aufsteigende Gischt und hört das Wasser lange, bevor man den Wasserfall selbst sieht. Dieses Naturschauspiel sollte sich niemand entgehen lassen, und auch die Legende um den Tatzelwurm selbst ist hörenswert. Das alpenländische Fabeltier gilt als kleiner Verwandter von Drachen oder Lindwürmern und soll der Sage nach bis zu zwei Meter lang werden. Der Tatzelwurm hat angeblich einen reptilähnlichen Körper und einen Kopf, der an eine Raubkatze erinnert. Eines dieser Fabelwesen soll im Tatzelwurmwasserfall hausen und schon einige unvorsichtige Wanderer verschlungen haben, die in die Schlucht des Wasserfalls gestürzt waren. Bevor wir selber

Wer dem Drachen zu nahe kommt …

Tatzelwurm, Wasserfall und Wellness-Hotel »Feuriger Tatzelwurm«: Nach dem gleichnamigen bayerischen Fabeltier sind der Wasserfall des Auerbachs im Mangfallgebirge, die kurvenreiche Bergstraße und das Wellnesshotel an den Wasserfällen am Ende der Tatzelwurmstraße benannt. Wellnesshotel »Feuriger Tatzlwurm«, Tatzlwurm 1, 80830 Oberaudorf, Tel. 08034/300 80, www.tatzlwurm.de

Ein fantastisches Naturschauspiel: Der Wasserfall am Tatzelwurm, wenige Kilometer hinter Bayrischzell.

diesem bayerischen Ungetüm zum Opfer fallen, begeben wir uns schnell wieder zum Auto, um auf der Tatzelwurmstraße talwärts zu fahren. Dieser Straßenteil ist weniger kurvig, sehr angenehm zu fahren und folgt in leichtem Abstand dem Auerbach, der bei Oberaudorf in den Inn mündet. Der Inn, den wir in Oberaudorf überqueren, markiert auch die Landesgrenze zwischen Österreich und Deutschland, was uns erst nach einigen Minuten auffällt, weil die Straßenschilder plötzlich anders aussehen ...

Auf der Walchseestraße (B 172) fahren wir durch Niederndorf bei Kufstein und Durchholzen, bevor rechts am Straßenrand zwischen den Bäumen der Walchsee auftaucht, der viertgrößte natürliche See des Landes Tirol. Da der See trotz einer maximalen Tiefe von 21 Metern im Sommer meist über 20 °C Wassertemperatur erreicht, ist er ein beliebtes Badeziel für Sommerfrischler aus Bayern und Österreich.

Wir lassen den See rechts liegen und fahren weiter auf der B 172, die uns durchs Inntal und den Kaiserwinkel bringt, eine Alpenlandschaft wie auf einer Kitschpostkarte: Sanfte Hügel und Wälder wechseln sich ab, und am Horizont erheben sich die Gipfel von Zahmem und Wildem Kaiser.

Nachdem wir den Wintersportort Kössen passiert haben, sind wir kurz danach wieder auf deutschem Boden, im Chiemgau, und erreichen bald Reit im Winkl. Der Wintersport- und Luftkurort ist vor allem durch die drei Mittermaier-Schwestern Rosi, Heidi und Evi berühmt und natürlich durch das über dem Ort liegende Skiparadies der Winklmoosalm. Der Legende nach wurde Reit im Winkl wegen seiner abgeschiedenen Lage beim Wiener Kongress – den Friedensverhandlungen nach den napoleonischen Kriegen – im Jahr 1815 vergessen. Um einen Krieg um dieses kleine Gebiet zu vermeiden, sollen die Landesfürsten von Bayern, Salzburg und Tirol mit einem Kartenspiel entschieden haben, welchem Land der Ort gehören solle – und der Bayer gewann das Spiel mit einem Schellen-Unter (der dem Buben im Skatblatt entspricht) ...

Die kleine Alpengemeinde mit gerade einmal 2300 Einwohnern lebt in erster Linie vom Fremdenverkehr: Skifahrer im Winter und Wanderer und Naturfreunde im Sommer. Dementsprechend gibt es im Ort eine große Auswahl an Gastronomie, vom einfachen Wirtshaus bis zu gehobenen Angeboten. Ein echter Geheimtipp für Gourmets ist hier das Restaurant Klauser am Rand des Ortskerns – von außen erscheint das Restaurant eher wie ein gepflegtes Café oder Wirtshaus, innen erwartet einen dann nicht nur eine liebevoll und gemütlich eingerichtete Gaststube, sondern es locken Gaumenfreuden auf höchstem Niveau, die schon dem Gault Milleau und anderen Feinschmecker-Bibeln positiv auffielen.

Rund um Oberaudorf

Oberhalb des Luftkurorts liegt die **Ruine der Auerburg**, die im 12. Jh. erbaut und 1747 nach dem Österreichischen Erbfolgekrieg zerstört wurde. Heute sind nur noch wenige Reste der Burg sichtbar. Auch das 1731 begründete **Kloster Reisach** und das **historische Gasthaus »Weber an der Wand«** sind einen Abstecher wert. Touristeninformation Oberaudorf, Kufsteiner Str. 6, 83080 Oberaudorf, Tel. 08033/301-20, www.oberaudorf.de

Nach Reit im Winkl wird es für 30 Kilometer romantisch und waldig. Die B 305, der wir Richtung Osten nach Groissenbach folgen, führt durch das dicht bewaldete Tal der Schwarzlofer, die

Rechte Seite: Flachmann: Der Weitsee bei Reit im Winkl ist ein beliebter Badesee. Seine Wassertiefe beträgt maximal 9,5 Meter und minimal 50 Zentimeter.

uns rechts von der Straße begleitet, und steigt im Laufe der Strecke sanft an. Beim Campingplatz Seegatterl – hier ist auch die Talstation der Bergbahn Steinplatte, die zur Winklmoos-Alm hinaufführt – macht die B 305 einen Schwenk in Richtung Norden. Links von der Straße bleibt uns der dichte Wald erhalten, während rechts nun Felder und Wiesen das Auge erfreuen.

Nach etwa zwei Kilometern erreichen wir den rechts direkt an der Straße gelegenen Weitsee, einen lang gestreckten, teilweise stark verlandeten Bergsee, der im Sommer ein beliebtes Badeziel ist. Seine Wassertiefe beträgt teilweise nur 50 Zentimeter, die tiefste Stelle ist 9,5 Meter tief.

Am Ende des Sees macht die B 305 dann einen Rechts-links-Schwenk nach Osten, und gleich danach sehen wir die links von der Straße liegenden, durch einen schmalen Wassergraben verbundenen kleinen Seen Mittersee und Lödensee. Wenige Kilometer weiter, kurz vor Ruhpolding, treffen wir auf den Förchensee, der seinen Namen von »Förche« (Forelle) ableitet. Der nur maximal fünf Meter tiefe und klare Quellsee ist ein beliebtes Anglerparadies, an dem wir jedoch flott vorbeigleiten, denn unser nächstes Zwischenziel, Ruhpolding, wartet schon auf uns.

Reit im Winkl

Die im 14. Jh. erbaute **Pfarrkirche St.Pankratius** wurde 1718 durch einen Blitzschlag zerstört und im Neubarock und Jugendstil neu aufgebaut. Kirchplatz 1, Tel. 08640/97 52-0, www.erzbistum-muenchen.de/StPankratiusReitimWinkl. Weitere Infos auch bei der Tourist-Info Reit im Winkl, Rathausplatz 1, Tel. 08640/800 20, www.reitimwinkl.de.

Auf der Höhe von Ruhpolding macht die B 305 einen Knick nach rechts; wir fahren geradeaus weiter auf der St 2098 direkt ins Ortszentrum und haben Glück, dass wir gleich am Rathausplatz einen Parkplatz finden.

Ruhpolding liegt auf 655 Metern Höhe im Meisenbacher Tal an der Weißen Traun und ist einer der regenreichsten Orte Deutschlands. Wir haben jedoch Glück: Es ist freundlich und trocken, und wir brauchen weder das Stoffdach noch einen Regenschirm. Der Ort mit seinen 6500 Einwohnern ist ein Ziel für Wintersportfreunde und im Sommer und Herbst bei Bikern, Wanderfreunden und Naturliebhabern beliebt. Während es im Winter sehr voll und quirlig zugeht, ist es im Sommer und Herbst ruhiger. Seit 2009 ist der Ortskern durch eine Umgehungsstraße und durch den Schloßtunnel vom Durchgangsver-

kehr befreit und damit ideal für einen entspannten Bummel durch den Ort.

Wir beginnen unseren Stadtspaziergang am Rathaus, das mit seiner Lüftmalerei eher an einen gut erhaltenen Bauernhof erinnert als an ein Verwaltungsgebäude. Nur wenige Hundert Meter vom Rathaus entfernt, in der Kirchberggasse 9, thront auf einem Hügel eines der baulichen Highlights der Stadt: die in der ersten Hälfte des 18. Jahrhunderts erbaute Pfarrkirche St. Georg mit ihrer opulenten Rokoko-Innenaus-

Ruhpolding

Die 1754 geweihte **St.-Georg-Kirche** beeindruckt vor allem mit ihrer prachtvollen Inneneinrichtung im Stil des Rokoko. Die künstlerisch wertvollste Skulptur ist eine romanische Madonna aus dem 12. Jh. Weitere Infos zur Kirche erhält man bei der Tourist-Info Ruhpolding, Tel. 08663/880 60, www.ruhpolding.de.

Das 1988 eröffnete **Holzknechtmuseum** widmet sich dem Leben und Arbeiten der Holzknechte im ehemaligen Salinengebiet Traunstein. Auf dem großen Freigelände werden zudem zahlreiche wieder aufgebaute oder nachgebaute Holzhütten aus der Region sowie Methoden zur Holzverarbeitung gezeigt. Laubau 12, Tel. 08663/639, www.holzknechtmuseum.com

stattung. Das Prunkstück ist die romanische Ruhpoldinger Madonna im rechten Seitenaltar aus dem 12. Jahrhundert.

Nach dem Kulturgenuss steigen wir den Kirchberg wieder hinab zum Ortszentrum und schlendern die Hauptstraße entlang bis zum »Maibaumstüberl«, einem prachtvollen Gasthof, der genau so aussieht, wie man sich einen bayerischen Landgasthof vorstellt: mit einem Maibaum, dem geranienüberwachsenen Balkon zur Straße hinaus und davor dem gemütlichen Biergarten. Wir können gar nicht anders, als dort einzukehren und eine deftige und äußerst leckere Brotzeit zu bestellen. Wir lassen uns Zeit, genießen die Sonne und den herrlichen Blick auf die Alpengipfel, bevor wir gemütlich zum Rathausplatz schlendern.

Wieder im Auto überqueren wir kurz nach dem Kreisverkehr einen Bach, die Urschlauer Achen, und biegen dann links auf die Zeller Straße zur Weißen Traun ein, die wir kurz danach überqueren. Sofort nach dem Fluss geht es scharf rechts in den Hadermarkt und nach ein paar hundert Metern wieder links auf die TS 35, die uns zur B 305 in Richtung Bad Reichenhall zurückführt. Fast 30 Kilometer purer Fahrspaß liegen vor uns: Die B 305 führt zunächst durch leicht hügeliges Ackerland, dann wird es wieder sehr waldig, es macht großen Spaß, auf der gut ausgebauten Bundesstraße den Wind im Haar zu spüren.

Nach etwa acht Kilometern, bei Sulzbach, knickt die B305 am Zwingsee rechts nach Südosten ab, dann gelangen wir im Weißbachtal nach Weißbach, einem Ortteil von Schneizlreuth. Parallel zur Straße fließt der Weißbach, der sich kurz darauf zur Weißbachschlucht verengt, die ein beliebtes Wanderziel ist. Während die B305 an einer großen Kreuzung nun weiter nach Süden führt, halten wir uns links Richtung Osten und fahren auf der St2101 durch den Wald bis zum Thumsee, der auf der linken Straßenseite liegt. Ein Schwimmbad mit Café, Wanderwege und Gaststätten machen den Waldsee kurz vor Bad Reichenhall zum beliebten Ausflugsziel, an dem wir jedoch jetzt vorbeifahren.

Der Thumsee begleitet uns etwa einen Kilometer, bevor wir wieder in den Wald eintauchen, nach weiteren zehn Minuten die Saa-

Stadt- und Themenführungen Bad Reichenhall

Die Stadt bietet eine Vielzahl an Führungen an zu Stadtgeschichte und historischen Bauwerken, aber auch zum Bad Reichenhaller Casino. Infos bei der Kur-GmbH Bad Reichenhall, Wittelsbacher Str. 15, 83435 Bad Reichenhall, Tel. 08651/96 53 50 oder 08651/77 07 73, www.stadtfuehrung-bad-reichenhall.de

lach überqueren und damit in Bad Reichenhall angekommen sind. Hier werden wir etwa länger verweilen, denn es gibt einiges zu sehen.
Salz ist bis heute ein wichtiges Gut der Kurstadt im Saalachtal, dem sogenannten Reichenhaller Talkessel. Zahlreiche Solebäder

Das 1922 erbaute Ruhpoldinger Rathaus mit landestypischer Lüftlmalerei steht am Beginn der Fußgängerzone.

locken die Kurgäste seit Jahrzehnten an, und wohl jeder Deutsche kennt das »Reichenhaller Markensalz«, das in der Saline Bad Reichenhall gewonnen wird. Archäologische Funde lassen vermuten, dass die Region seit fast vier Jahrtausenden besiedelt ist. Schon die Kelten gewannen hier etwa 450 v. Chr. Salz, und die Römer machten Bad Reichenhall ab dem Jahr 15 v. Chr. zur leistungsfähigsten Saline im Alpenraum.
Gleich nach der Saalachquerung macht die Hauptstraße einen Rechtsknick. Nach etwa 500 Metern fahren wir an der Dreieckskreuzung geradeaus in die kleine Kammerbotenstraße und

biegen nach weiteren 200Metern links in die Salinenstraße ein, um vor der Alten Saline zu parken. In der nach dem großen Stadtbrand von 1834, bei dem die meisten Industrieanlagen vernichtet wurden, neu errichteten Alten Saline befindet sich heute das Salzmuseum, und auch die historischen Industrieanlagen können im Rahmen einer Führung besichtigt werden. Im Salzmuseum wird die Geschichte der Salzgewinnung von der Frühzeit bis heute gezeigt; dabei erfährt man auch eine Menge über Technik und über die Arbeitswelt der vergangenen Jahrhunderte.

Am besten lernt man die Stadt Bad Reichenhall auf einer der verschiedenen Führungen kennen, die von der Stadtverwaltung angeboten werden – z. B. bei der klassischen Stadtführung, die etwa eineinhalb Stunden dauert und wo man viel Interessantes über die Geschichte der eleganten Kur- und Salinenstadt erfährt. Darüber hinaus werden Führungen angeboten zu Themen wie »Bad Reichenhall und die bayerischen Könige« sowie zur Vor- und Frühgeschichte der Region oder Führungen zu Kirchen und Burgen der Stadt und in der nahen Umgebung. Ein besonderes Highlight – das allerdings etwas mehr Zeit erfordert – ist die im Frühjahr und Herbst angebotene »Burgenwanderung mit La-

Salz, Sole und der Hl. Nikolaus

- **Alte Saline und Salzmuseum:** Von 1840 bis 1929 wurde hier das »Reichenhaller Salz« hergestellt. Heute befinden sich in den Gebäuden gewerbliche und kulturelle Einrichtungen. Das Anwesen und die komplett erhaltene Technik stehen unter Ensembleschutz und können im Rahmen von Führungen besichtigt werden. Alte Saline 9, Tel. Tel. 08651/7002-6146, www.alte-saline.de/de
- **Gradierwerk im Kurpark:** Das 1910 im Kurpark erbaute Gradierwerk, in dem die Kurgäste Sole inhalieren konnten, ist eine architektonische Augenweide. Das Gebäude ist 163 m lang und bis zu 23 m hoch. Von April bis Oktober werden Führungen durch das Gebäude und seine beeindruckende Technik angeboten. Infos dazu bei der Kur-GmbH Bad Reichenhall, Wittelbacher Str. 15, Tel. 08651/606-0, www.bad-reichenhall.de
- **Pfarrkirche St. Nikolaus:** Die dreischiffige romanische Basilika wurde in der zweiten Hälfte des 12. Jh. erbaut. Sehenswert sind das Chorfresko mit dem Kirchenpatron St. Nikolaus, dem Bistumsheiligen Korbinian und den zwei Nebenpatronen der Pfarrei sowie der frisch renovierte Kreuzweg des Kirchenmalers Moritz von Schwind. Pfarrbüro St. Nikolaus, Anton-Winkler-Str. 10, Tel. 08651/60 22-0, www.kath-stadtkirche-badreichenhall.de

mas«, bei der verschiedene Burgen im Reichenhaller Tal erkundet werden.

Von der Alten Saline aus verlassen wir das Stadtzentrum auf der Reichenhaller Straße, die entlang der Saalach verläuft, und machen noch einen kurzen Halt im Stadtteil Marzoll, um einen Blick auf Schloss Marzoll zu werfen. Dieses wurde Anfang der 16. Jahrhunderts von der durch Salz zu Reichtum gelangten Familie Fröschl im seinerzeit modernen Renaissancestil erbaut. Das Schloss mit den vier markanten runden Ecktürmen war das erste seiner Art in Bayern. Der Schlosshof ist tagsüber für Besucher geöffnet, die Innenräume sind nur im Rahmen einer Führung zugänglich. Auch die direkt am Schloss gelegene St.-Valentin-Kirche, die im Jahr 789 erstmals urkundlich erwähnt wurde, ist einen Besuch wert.

Nach dem Schlossbesuch fahren wir ein Stück zurück und folgen dann der B 20 nach Süden in Richtung Berchtesgaden, dem Ziel unserer Tour – 20 Kilometer sind es noch bis dorthin. Die Bundesstraße durch die Alpenlandschaft des Bischofswiesener Forst

Einst das Herzstück der Kurstadt Bad Reichenhall: Die Alte Saline

ist schön zu fahren, und wir haben Glück: Heute ist wenig Verkehr, vermutlich auch, weil im Frühherbst weniger Motorradfahrer unterwegs sind.

Etwa auf halber Strecke durchfahren wie das Örtchen Winkl, und ab da ist die Bischofswiesener Ache rechts von der Straße unser Begleiter.

Nach Bischofswiesen verlassen wir die nach Südosten abknickende B 20 und fahren weiter auf der Berchtesgadener Straße

Essen & Trinken

- **Restaurant Klauser**, Birnbacher Str. 8, 83243 Reit im Winkl, Tel. 08640/84 24, www.klausers.de: gemütliches Restaurant, in dem eine gehobene Küche mit französischen und mediterranen Einflüssen serviert wird.
- **Maibaumstüberl**, Hauptstr. 34, 83324 Ruhpolding, Tel. 08663/399, facebook.com/Maibaumstueberl.Ruhpolding: Typisch alpenländischer Hof, mit schönem Biergarten und deftiger regionale Küche.

durch den Ort Stanggaß nach Berchtesgaden hinein, den End- und Höhepunkt unserer »Tour des Alpes«. Wobei der Höhepunkt im wahrsten Sinn des Wortes zehn Kilometer hinter Berchtesgaden auf uns wartet: die Rossfeldhöhenstraße. Aber zunächst erkunden wir Berchtesgaden.

Der Ort ist nahezu völlig von den Berchtesgadener Alpen und dem österreichischen Bundesland Salzburg umgeben – und für Fußgänger eher anstrengend zu erkunden, weil er in unterschiedlichen Höhenlagen erbaut ist. So liegt der Hauptbahnhof 520 Meter über Normalnull, der zentrale Marktplatz auf 570 Metern, und andere Ortsteile sind bis auf 1100 Metern Höhe angesiedelt. Trotz der typisch alpenländischen Architektur wirkt der Ort teilweise ziemlich südländisch, weil die Straßen so verwinkelt und eng sind und die Häuser sich – wie etwa am Gardasee – in die Höhe staffeln, um die Enge im Talkessel bestmöglich zu nutzen.

Der alpenländisch-volkstümliche Marktplatz ist das Zentrum der Stadt, von dem aus die Touristeninformation und das Schloss Berchtesgaden mit dem architektonisch an die Zeiten der bayerischen Könige erinnernden Schlossplatz schnell erreichbar sind. Hier finden wir auch einen Parkplatz für unser Cabrio und machen uns auf zu einem kurzen Bummel durch das Zentrum, das schon 1978 zur Fußgängerzone erklärt wurde. Der Schlossplatz mit der Stiftskirche und dem gegenüberliegenden, aus dem 16. Jahrhundert stammenden Hofbau samt Arkaden ist ebenso sehenswert wie der fast direkt angrenzende Marktplatz mit dem 1558 erstmals errichteten Marktbrunnen und den meist hervorragend restaurierten oder erhaltenen Bürgerhäusern mit ihrer Lüftlmalerei.

Doch die Zeit drängt, uns zieht es in die Berge, zur Rossfeldhöhenstraße. Diese Panoramastraße wurde in den 1930er-Jahren als Ausflugsstraße projektiert und gebaut. Sie ist etwa 16 Kilometer lang und mit einer maximalen Höhe von 1560 Metern über Normalnull die höchstgelegene durchgehende Straße Deutschlands. Die durchgehend gut ausgebaute Höhenstraße

Salzbergwerk Berchtesgaden

Dieses seit 1517 in Betrieb befindliche Salzbergwerk kann im Rahmen einer Untertageführung erkundet werden. Dabei fährt man mit einer echten Grubenbahn in das Bergwerk hinein und auch wieder hinaus. Die Führung dauert ca. 1 Std. Salzburger Str. 24, 83471 Berchtesgaden, Tel. 08652/60 02-0, www.salzbergwerk.de

Linke Seite: Die Alte Saline in Bad Reichenhall kann im Rahmen von Führungen besichtigt werden und gibt einen Einblick in die Arbeitswelt vergangener Zeiten.

führt in herrlichen Kurven und mit maximal 13 Prozent Steigung einmal rund um das Rossfeld; sie kann von Süden aus von der Klaushöhe am Obersalzberg oder vom Norden in der Oberau auf der Höhe von Wildmoos erreicht werden – hier beginnen wir unsere Bergtour.

Die Mautgebühr in Höhe von 5 Euro ist gut angelegt, denn die Fahrt ist wirklich herrlich, und je nach Temperament des Fahrers dauert die Auffahrt knackige 10 bis gemütliche 30 Minuten – und jeder Meter ist ein Genuss!

Die höchste Stelle erreichen wir am Parkplatz am

Obersalzberg, Maria Gern und ein wahrer König

- **Dokumentationszentrum Obersalzberg:** Der Obersalzberg wurde nach 1933 zum zweiten Regierungssitz nach Berlin ausgebaut. Das Dokumentationszentrum bietet die Möglichkeit, sich am historischen Ort mit der Geschichte des Obersalzbergs und des Nationalsozialismus auseinanderzusetzen. Salzbergstr. 1, 83471 Berchtesgaden, Tel. 08652/94 79 60, www.obersalzberg.de
- **Wallfahrtskirche Maria Gern:** Direkt am Salzbergwerk Berchtesgaden geht es scharf links ab nach Maria Gern, einem ca. 5 km nördlich von Berchtesgaden gelegenen Gemeindeteil. Ziel des Ausflugs ist die Wallfahrtskirche Maria Gern, die 1708–10 erbaut und deren Innenraum bis 1725 ergänzt wurde. Eine Madonna mit Kind im Zentrum des Hochaltars von 1715 wird im Lauf des Kirchenjahrs mit prächtigen Barockgewändern bekleidet. Auch die Decke mit üppigem Stuck und Fresken, die einen Zyklus des Marienlebens zeigen, ist sehenswert. Infos beim Kath. Pfarramt, Nonntal 4, 83471 Berchtesgaden, Tel. 08652/946 80, www.stiftskirche-berchtesgaden.de
- **Königssee:** Der am Fuß des Watzmanns gelegene Bergsee gilt als einer der saubersten Seen Deutschlands. Am besten erkundet man den tief in die Berghänge geschnittenen See auf einem der Motorboote der Schifffahrt Königssee, denn zu Fuß kann der See nicht umrundet werden, und auch die vorhandenen Wanderwege sind anstrengend. Infos bei der Tourist-Info Schönau, Rathausplatz 1, 83471 Schönau am Königssee, Tel. 08652/17 60, www.koenigssee.com

Ahornbüchsenkopf. Hier liegen uns die Alpen buchstäblich zu Füßen: Bei klarem Wetter erwartet den Besucher ein atemberaubender Rundblick über das gewaltige Bergmassiv des Hohen Göll, auf den Kehlstein, das Tennen- und Dachsteingebirge, den Untersberg sowie über das Berchtesgadener und Salzburger Land. Und so ganz nebenbei stellen wir fest, dass auch im Frühherbst in dieser Höhe schon Schnee liegen kann …

Nachdem wir uns am Alpenpanorama stattgesehen haben, nehmen wir den Abstieg in Richtung Süden in Angriff und suchen uns für die Übernachtung ein freundliches Gasthaus, das wir etwas außerhalb des Ortes im Gasthof Hochlenzer in der Scharitzkehlstr. 6 finden. Der Gasthof liegt etwa 900 Meter über dem Ort, bietet einen tollen Panoramablick auf Berchtesgaden und das Umland und ist erfreulich günstig.

Am nächsten Tag werden wir uns dann noch die Wallfahrtskirche in Maria Gern ansehen, zum Königssee fahren und auf den Obersalzberg, um dort das Dokumentationszentrum zu besuchen, das die Geschichte des Obersalzbergs und des Nationalsozialismus dokumentiert.

Linke Seite: Im 1910 erbauten Gradierwerk Bad Reichenhall flanierten die Kurgäste und inhalierten dabei die salzreiche Luft. Das Gradierwerk ist in den Sommermonaten immer noch in Betrieb.

Unten: Die Wallfahrtskirche Maria Gern bei Berchtesgaden

Unterkunft

- **Gasthof Hochlenzer**, Scharitzkehlstr. 6, Am Obersalzberg, 83471 Berchtesgaden, Tel.: (08652) 2105, www.hochlenzer.de: Der historische Gasthof mit guter bayerischer Küche sowie preiswerten, aber angenehmen Zimmern oder Ferienwohnungen, begeistert mit seiner Panoramasicht auf Berchtesgaden und die Alpen.
- **Alpenhotel Kronprinz**, Am Brandholz, 83471 Berchtesgaden, Tel.: (08652) 607-0, www.alpenhotel-kronprinz.de: Wer es etwas gediegener mag und auch auf Wellnessangebote nicht verzichten möchte, ist im Hotel Kronprinz gut aufgehoben. Für kulinarische Freuden stehen gleich vier Angebote bereit: Das »Panoramarestaurant« mit gehobener Küche, das »Stüberl« im gemütlich-bayerischen Stil, die Sonnenterrasse und das »Fassl«, der gesellige Treffpunkt für den Drink am Abend oder zwischendurch.

4 Genussreise durch den »bayerischen Urwald«

Von Passau nach Bodenmais

Etappen
Passau–Hauzenberg: 20 km; Hauzenberg–Waldkirchen: 12 km; Waldkirchen–Finsterau: 31 km; Finsterau–Neuschönau: 18 km; Neuschönau–Frauenau: 26,5 km; Frauenau–Ludwigsthal: 12 km; Ludwigsthal–Bodenmais: 22,5 km; Gesamtstrecke: 142 km

Abstecher ab Bodenmais
(s. 54); Bodenmais–Großer Arber: 10 km, ca. 20 Min. Fahrzeit; Bodenmais–Lohberg: 30 km, gut 30 Min. Fahrzeit

Anreise
Von Nürnberg über die A 3 Richtung Regensburg bis Passau bzw. von München über die A 92 bis Deggendorf, dort dann auf der A 3 weiter bis Passau

Information
Tourismusverband Ostbayern, Im Gewerbepark D 04, 93059 Regensburg, Tel. 0941/58 53 90, www.bayerischer-wald.de

Unterkunft
Wellnesshotel Mooshof, Mooshof 7, 94249 Bodenmais, Tel. 09924/7750, www.hotel-mooshof.de

An der Passauer Donaupromenade, zu Füßen der Veste Oberhaus, beginnt die Genussreise durch das schöne Niederbayern.

Niederbayern gehört bis heute zu den weniger präsenten Zielen für Touristen. Dabei ist die Region zwischen Passau und Tschechien ein Paradies mit herrlichen Straßen, historischen Städten, verschlafenen Dörfern und einem ursprünglichen Wald.

Passau, die Drei-Flüsse-Stadt, das »bayerische Venedig« – Donau, Inn und Ilz fließen hier zusammen, und hier beginnt auch unser Cabrioausflug nach Niederbayern, in den Bayerischen Wald und bis zur tschechischen Grenze.

Italienische Barockkünstler sind für die bis heute großteils erhaltene historische Altstadt mit ihrem mediterranen Flair, die jeder Passau-Besucher erforschen sollte, verantwortlich. Der Zusammenfluss von Donau und Inn hat eine schmale Halbinsel geschaffen, auf der die Altstadt steht. Wir parken unser Cabrio vor dem ehemaligen Hauptzollamt und erkunden die Altstadt zu Fuß, die vom Fluss aus durch steile, oft mit Treppenstufen versehene enge Gassen erreichbar ist.

Oben angekommen, steht man nach nur wenigen Hundert Metern vor dem Stephansdom, dem Sitz des Passauer Bischofs. An dieser Stelle befand sich schon um das Jahr 450 eine Kirche. Der heutige Dom wurde gegen Ende des 17. Jahrhunderts im Barockstil völlig neu errichtet und gilt als größte Barockkirche nördlich der Alpen. Beeindruckend sind die aufwändigen Stuckaturen und Fresken in dem 102 Meter langen prächtigen Innenraum. Ein weiteres Highlight ist die aus insgesamt fünf Orgeln bestehende Orgelanlage, die mit 233 Registern, fast 18 000 Pfeifen und vier Glockenspielen als größte Orgel Europas gilt.

Über den Steinweg und dann links die Schrottgasse hinein erreichen wir in wenigen Minuten den Rathausplatz direkt an der Donau. Neben dem im 14. Jahrhundert erbauten Alten Rathaus mit seinem fast 40 Meter hohen Turm finden sich in unmittelbarer Nähe weitere Sehenswürdigkeiten wie das Patrizierhaus Wilder Mann mit dem Passauer Glasmuseum sowie das ehemalige

Passau

- Der im 17. Jh. im Barockstil erbaute **Stephansdom** mit dem prächtigen Innenraum und der größten Orgelanlage Europas gehört zum Pflichtprogramm für Passau-Besucher (www.bistum-passau.de).
- Der **Domplatz** entzückt mit dem Lampert-Palais, der alten Residenz und dem ehemaligen fürstlichen Opernhaus, das heute das Stadttheater beherbergt.
- Die historische Altstadt auf der Halbinsel zwischen Donau und Inn gefällt mit italienischem Flair und ihren kleinen, oftmals steilen Gassen, in denen attraktive Kneipen und Restaurants auf Gäste warten.
- Die 1219 gegründete **Veste Oberhaus** war die meiste Zeit die Residenz des Passauer Bischofs. Heute dient sie als Domizil des Stadtmuseums, beherbergt eine Gemäldegalerie und weitere Sammlungen, und außerdem gibt es ein Restaurant, eine Jugendherberge und einen Aussichtsturm (www.oberhausmuseum.de).
- **Interessante Museen:** Passauer Glasmuseum im Patrizierhaus Wilder Mann (Höllgasse 1, www.glasmuseum.de); Museum moderner Kunst (MMK; Bräugasse 17, www.mmk-passau.de); Domschatz- und Diözesanmuseum am Stephandsom (www.bistum-passau.de)
- **Ausflug:** Dreiflüsse-Stadtrundfahrt mit dem Ausflugsschiff ab Passau (www.donauschiffahrt.de)

Hauptzollamt. Es ist in der vorwiegend barocken Altstadt eines der wenigen Bauwerke im klassizistischen Baustil des 19. Jahrhunderts und dient heute als Nebenstelle des Rathauses.
Ein letzter kurzer Spaziergang führt uns noch an die sogenannte Ortsspitze, das Ende der Halbinsel. Hier fließen Donau, Inn und

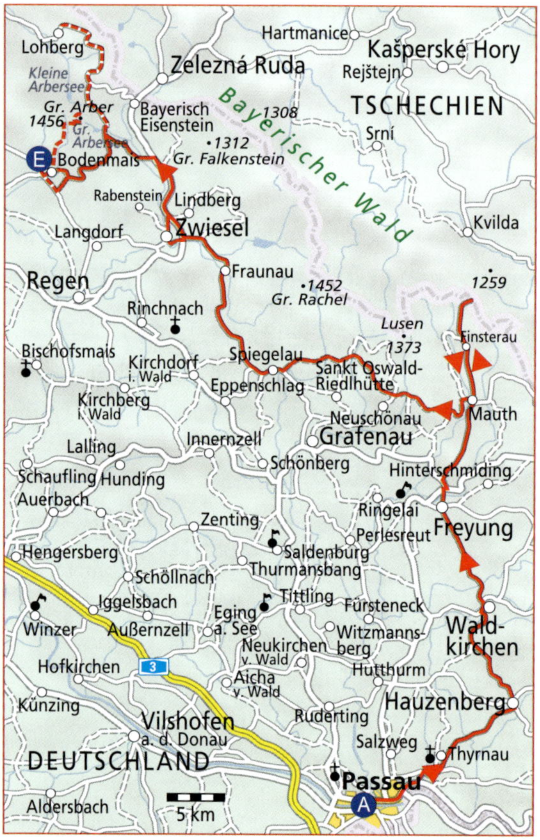

Der prachtvolle Stefansdom in Passau ist eine der größten Barockkirchen nördlich der Alpen.

Ilz zusammen, und man kann die drei Flüsse auch nach der Vereinigung noch eine längere Strecke weit identifizieren: Der aus den Alpen kommende Inn führt grünes Wasser, das Wasser der aus einem Moorgebiet herbeifließenden Ilz ist fast schwarz und das der Donau – natürlich – blau. Die Strömungsverhältnisse sorgen dafür, dass die drei Farben auch nach dem Zusammenfluss noch für eine Weile erkennbar bleiben.
Entlang des Innkais wandern wir direkt am Innufer langsam zurück Richtung Altstadt, am Schaiblingsturm vorbei, bis wir auf Höhe des Rathauses rechts zum Alten Hauptzollamt abbiegen

und zu unserem BMW zurückkehren. Es ist warm und trocken, und wir öffnen das Dach – Cabriowetter vom Feinsten!
Wir überqueren erst die Donau auf der Prinz-Luitpold-Brücke, biegen dann sofort links ab und überqueren die Ilz und fahren dann gleich rechts auf die B 388, die hier Donaustraße heißt. Kurz nach dem Passauer Werk des Getriebeherstellers ZF biegen wir nach links ab auf die St 2132. Die gut ausgebaute, aber schmale Staatsstraße schlängelt sich in sanften Windungen an herrlichen Wiesen und Waldstücken vorbei.
Es geht fast 15 Kilometer abwechselnd leicht bergauf und wieder bergab, bis wir das Ortsschild von Hauzenberg passieren. Der Luftkurort ist auch für seinen Granit bekannt und galt früher als »deutsche Hauptstadt der Graphit- und Granitindustrie«. Heute ist das direkt an der Hauptstraße gelegene Museum »Steinwelten«, das dem Granit, der Granitindustrie und der Granitkunst gewidmet ist, die wichtigste Besucherattraktion der 10 000-Seelen-Gemeinde, der wir im Vorbeifahren allerdings nur zuwinken – unser nächstes Ziel ist das Freilichtmuseum in Finsterau, einem Ortsteil der Gemeinde Mauth.

Steinerne Spurensuche in Hauzenberg

- **Granitzentrum Bayerischer Wald:** Hier ist auch das Museum »Steinwelten« zu finden, das den Besuchern umfangreiche Einblicke in die Geschichte der Granitgewinnung, seine Bedeutung und Eigenschaften bietet. Allein die moderne und preisgekrönte Architektur des in einem alten Steinbruch eingebetteten Museumsgebäudes ist sehenswert. Infos unter Tel. 08586/22 66, www.stein-welten.de
- **Graphit-Besucherbergwerk Kropfmühl:** Nur wenige Meter von der Hauptstraße entfernt bietet das einzige Graphitbergwerk Deutschlands die einmalige Chance, selbst unter Tage zu gehen. Bei der Führung auf den »Spuren der Kumpels« geht es bis in 45 m Tiefe zur vierten Sohle hinab. Infos unter Tel. 08586/609-147, www.graphit-bbw.de

Wir folgen daher weiter der St 2132, die hinter Hauzenberg noch schmaler wird und noch weniger befahren ist. Vorbei an Waldkirchen und Freyung, wo wir die B 12 kreuzen, biegen wir hinter Freyung nach rechts auf die St 2127 und fahren durch ein Waldstück bis nach Mauth.
Nach dem Ort weicht der Wald allmählich offenem Feld, die Staatsstraße heißt jetzt Finsterauer Straße. Kurz vor dem Ortsende von Finsterau folgen wir auf Höhe des Landhotels Bärnriegl dem Hinweis zum Freilichtmuseum, biegen nach links in die Museumsstraße ein und suchen uns vor dem Museum einen

Rechte Seite: In Passau fließen die blaue Donau, der grüne Inn und die fast schwarze Ilz ineinander. Die Farben der drei Flüsse sind noch lange nach dem Zusammenfluss erkennbar.

schattigen Parkplatz. Das Freilichtmuseum besteht aus mehreren Häusern und Bauernhöfen, einer Dorfschmiede und einer Wirtschaft, und auch diverse Gerätschaften und Dinge des Alltagslebens, vom Pflug bis hin zur Kleidung der damaligen Bewohner, werden gezeigt. Die Häuser wurden aus dem gesamten Bayerischen Wald zusammengetragen und in Finsterau im Museum wieder aufgebaut.

Wir nehmen uns etwas Zeit für die Besichtigung der Museumshäuser, die vom kargen Sachlhof bis zum großen Petzihof einer wohlhabenden Bauernfamilie den Besuchern einen Eindruck vom bäuerlichen Alltag früherer Zeiten vermitteln, der mit den romantischen Heile-Welt-Klischees unserer Zeit wenig zu tun hatte. Zum Abschluss unseres Ausflugs in die Vergangenheit gönnen wir uns in der »Ehrn«, einer 1840 in Kollnburg erbauten und 1980 im Museumsdorf wieder aufgebauten Straßenwirtschaft eine deftige Brotzeit und ein Haferl Kaffee, bevor wir die zweite, größere Hälfte unserer heutigen Tour unter die Räder nehmen.

Freilichtmuseum Finsterau

Das Freilichtmuseum besteht aus diversen historischen Gebäuden, vom Bauernhof über die Dorfschmiede bis zu einem alten Tanzsaal. Die Gebäude und das Museum erlauben einen Einblick in das ländliche Alltagsleben im Bayerischen Wald. Das Museum ist ganzjährig geöffnet und bietet in der historischen Straßenwirtschaft »Die Ehrn« eine einfache Gastronomie. Der Eintritt beträgt 6 Euro pro Person. Infos wie die saisonabhängigen Öffnungszeiten gibt's unter Tel. 08557/960 60, www.freilichtmuseum.de

Vom Museumsdorf aus fahren wir etwa vier Kilometer zurück bis nach Mauth, biegen dort rechts ab auf die Reschbachstraße und gelangen so mitten in den tiefsten Bayerischen Wald hinein. Wir sind links und rechts von dichtem Baumbestand umgeben, die schmale Kreisstraße schlängelt sich in sanften Windungen gut sieben Kilometer bis nach Neuschönau.

Dort befindet sich eines der Wahrzeichen und touristischen Highlights des Bayerischen Walds: der längste Baumwipfelpfad der Welt. Wer sich auf dieses Abenteuer einlässt, bekommt ein klein wenig Dschungelcamp-Feeling, wenn er in acht bis 25Metern Höhe auf dem Holzpfad durch den Wald wandert – natürlich ganz ohne Risiko, denn der Pfad ist massiv gebaut und sogar barrierefrei, sodass auch Rollstuhlfahrer und Kinderwagen keinerlei Probleme beim Urwaldausflug haben. Und die Wandertour lohnt sich wirklich, denn der Blick von oben über die fast unberührte Natur ist atemberaubend: Mit etwas Glück sieht man sogar das eine oder andere sonst sehr scheue Waldtier. Der 1,3 Kilometer lange Baumwipfelpfad endet in dem auch architektonisch einzigartigen, 44 Meter hohen Baumturm, von dem aus man an schönen Tagen einen Blick bis in die Alpen genießen kann. Der Turm wird über eine 500 Meter lange spiralförmige Rampe erklettert. Wirklich sehenswert!

Danach fahren wir weiter auf der St 2123 mitten durch den wildromantischen Bayerischen Wald. Etwa 25 Kilometer sind es bis nach Frauenau, dem »gläsernen Herz« des Bayerischen Walds. Die Straße dorthin ist herrlich frei und bietet mit ihren vielen Kurven Fahrgenuss vom Feinsten.

In dem traditionsreichen Glasmacherort Spiegelau – die erste Glashütte wurde hier schon im Jahr 1521 erwähnt – passieren wir auch eines von insgesamt drei Schnapsmuseen des Bayerischen Walds. Da wir aber noch einige Kilometer Fahrt vor uns haben, verzichten wir schweren Herzens auf die Gratis-Verkostung der hochprozentigen Bärwurz-Spezialität aus dem Hause Penninger – wir trösten uns damit, dass wir diesen Genuss abends im Hotel an der Bar nachholen werden.

Eine Viertelstunde später erreichen wir Frauenau. Wir befinden uns hier übrigens auf

Über der Wipfeln von Neuschönau

Der überwiegend aus Holz konstruierte **Baumwipfelpfad** hat eine Länge von 1300 m und führt in acht bis 25 Metern Höhe durch die unberührte Natur. Der Pfad ist mit einem Aufzug auch für Rollstuhlfahrer, Kinderwagen und Senioren erreichbar. Hunde sind allerdings auf dem Pfad nicht erlaubt und müssen währenddessen in Warteboxen »geparkt« werden. Der Eintrittspreis beträgt 9,50 pro Person (ermäßigt 8,50 Euro, Kinder ab 6 Jahren 7,50 Euro). Der Pfad ist täglich ab 9.30 Uhr geöffnet und schließt je nach Jahreszeit zwischen 16.00 und 19.00 Uhr. Infos unter Tel. 08558/97 40 74, www.baumwipfelpfad.by

einem Teil der seit 1997 existierenden »Glasstraße«, die auf über 250 Kilometern durch den Oberpfälzer und den Bayerischen Wald von Waldsassen bis nach Passau führt und dabei viele Orte berührt, bei denen das Thema Glas und Glasherstellung eine wichtige Rolle spielt (Infos dazu unter Tel. 0941/585 39-0, www.die-glasstrasse.de).

In Frauenau warten die alteingesessene Glasmanufaktur Poschinger und die Glaskultur Eisch auf Liebhaber des zerbrechlichen Mundgeblasenen und anderer Glasprodukte. Die Glasmanufaktur Poschinger (www.poschinger.de) ist seit 1568 im Besitz der Familie – mehr Tradition geht kaum. Im Jahr 2005 wurde auch das 1975 gegründete Glasmuseum wiedereröffnet, dass die Kulturgeschichte der Glasproduktion von der Antike bis in die Neuzeit präsentiert; auch die Gläsernen Gärten von Frauenau mit diversen, teilweise sehr großen Glasskulpturen sind mehr als einen kurzen Blick wert (www.die-glaesernen-gaerten-von-frauenau.de).

Wir sind nun mitten in der berühmten Glasbläser-Region, und kurz nach Frauenau erreichen wir die Glasstadt Zwiesel, die als Zentrum der niederbayerischen Glasindustrie gilt. Hier haben berühmte Manufakturen, wie z.B. Theresienthal, ihren Sitz. Natürlich gibt es auch – reichlich Gelegenheit, in diversen Fabrik-Outlets Gläsernes jeder Couleur direkt vom Hersteller zu erwerben.

Es darf geschnapselt werden

Im Bayerischen Wald gibt es gleich drei Museen, die sich dem hochprozentigen Kulturgut widmen. Und alle sind in der Nähe potenzieller Übernachtungsorte – ein Besuch ist also nicht zwingend ein Führerscheinkiller.

- Das **Schnaps-Museum in Spiegelau** präsentiert auf zwei Etagen eine Kupfer-Großdestille, Eichenfässer, Tonbehälter und ein Kräuterlabor, und natürlich kann man probieren und im Museumsladen einkaufen. Dr.-Geiger-Str. 8, Tel. 08553/97 91 01, www.penninger.de/museen/spiegelau
- Die **»Gläserne Destille« in Böbrach** bei Bodenmais ist eine Bärwurz-Schaubrennerei, in der der Kräutertrunk täglich direkt vor den Augen der Besucher hergestellt wird. Eck 1, Tel. 09923/80 20-33, www.penninger.de/museen/boebrach-bodenmais
- In Jahrdorf bei Hauzenberg befindet sich das Stammhaus der **Hausbrennerei Penninger**, in dem viele historische Exponate aus Österreich und Bayern rund um die hochgeistigen Produkte präsentiert werden. Industriestr. 18, Tel. 08586/9611-0, www.penninger.de

Besonders reizvoll ist allerdings ein Ausflug in den Untergrund der Stadt: Seit Jahrhunderten – die ersten Gänge entstanden ver-

Der Schaiblingsturm am Passauer Donauufer ist ein markanter Wehrturm, der im Mittelalter zum Schutz des Salzhafens errichtet wurde.

mutlich im Hochmittelalter, also im 11.–13. Jahrhundert – existiert unter der Stadt ein System von unterirdischen Gängen, das der Bevölkerung wohl hauptsächlich als Versteck vor feindlichen Truppeneinfällen und marodierenden Soldaten diente. Seit einigen Jahren erforscht ein Verein diese Gänge, bietet Führungen an und ermöglicht Veranstaltungen und Kunstprojekte unter der Erde (www.unterirdisches-zwiesel.de).

Derselbe Verein bietet auch Führungen durch den Goldseifenhügel an, denn in Zwiesel wurde in früheren Zeiten Gold in größerem Maßstab gefunden. Im Rahmen der Führung kann man sich selber als Goldwäscher dem Goldrausch ergeben: Was man findet, darf man behalten.

Mit den Taschen (hoffentlich) voller Goldnuggets folgen wir ab Zwiesel der gut ausgebauten B 11 parallel zum Fluss Großer Regen nach Ludwigsthal, wo sich neben dem Informationszentrum

Hoch hinaus und tief in den Wald

- **Großer Arber:** Der höchste Berg des Bayerischen Walds erhebt sich knapp 10 km von Bodenmais entfernt zwischen Großem und Kleinem Arbersee. Mit der Arber-Bergbahn gelangt man das ganze Jahr über auf den Gipfel, und seit einigen Jahren gibt es auch mehrere Pisten, die den Großen Arber zum Skigebiet machen. Vom Gipfel aus genießt man bei gutem Wetter einen überwältigenden Panoramablick auf die Alpen und den Bayerischen Wald. So kann man Richtung Südwesten die Dachsteingruppe, die Watzmanngruppe, die Hohen Tauern und den Wilden Kaiser sehen. Mehrere Hütten und Gasthäuser freuen sich auf Besucher – auf der Eisensteiner Hütte kann man sogar heiraten, hier ist das Standesamt der Gemeinde Bayerisch Eisenstein untergebacht. Infos unter Tel. 09925/9414-0, www.arber.de
- **Lohberg:** Ca. 30 km oberhalb von Bodenmais ist der Ort Lohberg wegen des dort beheimateten Bayerwald-Tierparks und der Glashütte »Alte Kirche« einen Ausflug wert. Im Bayerwald Tierpark kann man die Tiere beobachten, die hier heimisch sind oder es waren, und in der Glashütte in der ehemaligen Rokokokirche kann man Glasunikate des Künstlers Hubert Hödl erwerben. Infos zum Tierpark (Schwarzenbacher Str. 1a) unter Tel. 09943/81 45, www.bayerwald-tierpark.de; Infos zur Glaskunst unter Tel. 0151/6111 5715, www.glashuette-alte-kirche.de

des Nationalparks Bayerischer Wald auch ein großes Freigehege befindet, das mit seinen 65 Hektar Fläche vielen Wildtieren eine sichere Heimat bietet. Der fast 25 000 Hektar große Nationalpark bildet zusammen mit dem tschechischen Böhmerwald die größte zusammenhängende Waldfläche Mitteleuropas.

Beim Landgasthof Sperl, einige Kilometer hinter Ludwigsthal, verlassen wir die B 11, überqueren den Fluss und fahren weiter auf der St 2137 durch den unberührten Hochwald zum Großen Arbersee, der letzten Station vor unserem Ziel.

Der Große Arbersee liegt inmitten des niederbayerischen Urwalds in einem tiefen und ursprünglichen Bergkessel auf etwa

900 Metern Höhe, überragt vom knapp 1500 Meter hohen Großen Arber, dem höchsten Berg des Bayerischen Walds. Eine Besonderheit des Sees ist der an zwei Stellen zu findende hektargroße Schwingrasen, eine schwimmende und geschlossene Pflanzendecke aus Moosen und Gräsern, die vom Ufer aus auf den See hinauswächst, ohne eine Verbindung zum Seegrund zu haben.

Linke Seite: Das Wellnesshotel Mooshof in Bodenmais überzeugt mit freundlichem Ambiente, hervorragender Küche und einem grandiosen Blick auf den Bayerischen Wald.

Wer etwas Zeit hat, kann den See auch komplett umwandern, muss dabei allerdings mit steinigen und teilweise feuchten Wegen rechnen; im Moorbereich sind Wanderstege errichtet. Im einzigen Gasthaus am See, dem Arberseehaus, kann man die Wanderung dann ausklingen lassen.

Wir verzichten allerdings auf den sportlichen Teil der Seebesichtigung, denn wir freuen uns allmählich auf den gemütlichen Abend im Wellnesshotel Mooshof in Bodenmais, in dem wir ein Doppelzimmer reserviert haben.

Aber vor dem Luxus im Hotel warten noch knapp 20 Kilometer Fahrt auf herrlichen, kleinen und abgeschiedenen Straßen auf uns, die uns vom Großen Arbersee aus in genussvollem Kurvengeschlängel bis nach Bodenmais bringen.

Der Mooshof, unser heutiges Domizil, liegt am Ortsrand, mit einem grandiosen Blick auf den Bayerischen Wald. Das parkähnliche Hotelanwesen mit dem großen Outdoor-Pool und einem Wellness-Pavillon zeigt uns, dass wir die richtige Wahl getroffen haben. Nach einem gediegenen Drei-Gänge-Abendmenü ziehen wir uns zu einem Cocktail an die gemütliche Bar zurück und lassen den Tag und die schöne Ausfahrt Revue passieren.

Nach einer ruhigen Nacht im geräumigen und geschmackvollen Doppelzimmer nutzen wir gleich nach dem Aufstehen den hauseigenen Swimmingpool und holen uns so Appetit auf das leckere Frühstück vom Buffet.

Essen & Trinken

- **Landgasthof Euler**, Kaiserstr. 10, 94556 Neuschönau, Tel.: (08558) 1007, www.landgasthof-euler.de: Direkt am Nationalpark und am Baumwipfelpfad gelegener Gasthof. Je nach Wetter und Stimmung genießt man raffinierte Wirtshausküche wie Wildbolognese mit Pfifferlingen, Steinpilz-Maultaschen oder Kalbsbäckchen in der Gaststube, im Wintergarten oder im Biergarten.
- **Arberseehaus** (Gasthaus Arbersee), Arbersee 42, 94252 Bayerisch Eisenstein, Tel.: (09925) 902003, www.arbersee.arber.de: Uriges Gasthaus direkt am Seeufer mit großer Sonnenterrasse. Die Küche ist bayerisch-deftig, das Bier stammt aus der Pfefferbrauerei Zwiesel.

5 Die Sechsflüsse-Tour

Von Bodenmais nach Amberg

Etappen
Bodenmais–Regen: 12 km; Regen–Deggendorf: 25 km; Deggendorf–Kloster Metten: 5,5 km; Kloster Metten–Bogenberg: 20 km; Bogenberg–Straubing: 13 km; Straubing–A 8–Geisling: ca. 20 km; Geisling–Minitraching: 5 km; Minitraching–Kelheim: 30 km; Kelheim–Riedenburg/Burg Prunn: 16,5 km; Burg Prunn–Mühlbach: 14 km; Mühlbach–Dietfurt: 3 km; Dietfurt–Berching: 18 km; Berching–Neumarkt: 21 km; Neumarkt–Kastl: 22 km; Kastl–Amberg: 20 km; Gesamtstrecke: 245 km

Anreise
Von Nürnberg über die A 3 über Regensburg bis Deggendorf, von dort auf der B 11 bis Bodenmais; oder von München über die A 92 bis Deggendorf, dann weiter auf der B 11 bis Bodenmais

Information
Tourismusverband Ostbayern, Im Gewerbepark D 04, 93059 Regensburg, Tel. 0941/ 58 53 90, www.ostbayen-tourismus.de
Tourismusverband im Landkreis Kelheim e. V., Donaupark 13, 93309 Kelheim, Tel. 09441/20 73 30, www.tourismus-landkreis-kelheim.de

Diese Wochenendtour steht ganz im Zeichen der Fahrfreude – es warten fast 250 Kilometer Landstraßen auf uns, und am Wegesrand gibt es eine Menge Sehenswürdigkeiten zu entdecken.

Die Sonne lacht vom Himmel, und bereits morgens ist es so herrlich warm, dass wir wie selbstverständlich als Erstes die Stoffmützen hinter den Sitzen verschwinden lassen und die Basecaps aufsetzen, ehe wir gut gelaunt Richtung Süden fahren.
Die St 2132 führt gut zehn Kilometer durch tiefsten Wald; bei Langdorf halten wir uns rechts und folgen der St 2135 bis nach Regen, dem nächsten größeren Ort, der nach dem gleichnamigen Fluss benannt ist. Wir fahren ein Stück am Schwarzen Regen entlang und verlassen die Stadt Richtung Süden; nun bleiben wir für etwa 25 Kilometer bis Deggendorf auf der St 2135, die sich

Mitten im Ort liegt das sehenswerte Kloster Metten, das zu den ältesten Klöstern Bayerns gehört.

durch eine abwechslungsreiche Landschaft mit Waldstücken, freiem Land und Feldern schlängelt. Der Verkehr ist immer noch relativ harmlos, wir kommen gut voran und erfreuen uns an der abwechslungsreichen Landschaft und dem perfekten Cabriowetter.

In Deggendorf machen wir eine schnelle Wanderpause. Nach einem kurzen Spaziergang durch die bildhübsche Deggendorfer Altstadt fahren wir weiter und biegen vor der Donau rechts von der Otto-Denk-Straße auf die direkt an der Donau entlangführende St 2125 ab. Vor dem Gewerbegebiet an der Donaustraße fahren wir erneut rechts, Richtung Kloster Metten.

Die Abtei Metten wurde im Jahr 766 durch den Edlen Gamelbert, einen Priester und Grundbesitzer, gegründet und gehört zu den ältesten Klostern Bayerns. Kirche und Gebäude des heutigen Klosters stammen aus dem 15.–18. Jahrhundert. Das Prunkstück des Klosters ist die große Klosterbibliothek im Barockstil des

17. Jahrhunderts mit ihren prunkvollen Deckenfresken und -gemälden. Mit einem Bestand von etwa 200 000 Bänden ist sie zudem eine der größten Klosterbibliotheken Bayerns. Heute sind im Kloster und auf dem weitläufigen Klosterareal neben einem Gymnasium mit Internat auch verschiedene Betriebe von einer Buchbinderei über ein Elektrizitätswerk bis zu einem Verlag untergebracht. Uns gefiel jedoch der innerhalb der Klostermauern großzügig angelegte Garten im Barockstil mit seinen akkurat beschnittenen Zierpflanzen und den gepflegt gekiesten Spazierwegen am besten.

Wir gönnen uns auf der Terrasse der Klostergaststätte noch einen Kaffee, bevor wir die Landstraße Richtung Straubing wieder unter die Räder nehmen. Von Metten aus folgen wir ein Stück der Mettener Straße, bis wir beim Gewerbegebiet Neuhausen-Süd wieder auf die St 2125 stoßen. Hinter Niederwinkling macht die Staatsstraße einen scharfen Knick nach links zur Donau, auf die wir bei Pfelling stoßen.

Über Bogenberg und Oberalteich erreichen wir schließlich die Stadt Straubing, die im Mittelalter den Karolingern und später den Wittelsbachern gehörte. Allein schon wegen der Altstadt mit dem 800 Meter langen, als Fußgängerzone ausgewiesenen Stadtplatz, an dem sich gotische Türme, Renaissance-Erker sowie Fassaden im Barock- und Rokokostil drängen, sollte man hier einen Stopp einlegen – fast fühlt man sich nach Italien versetzt.

An die Liebesgeschichte zwischen Herzog Albrecht dem Frommen und der Baderstochter Agnes Bernauer, die 1435 mit ihrem

Kelheim

- **Weisses Bräuhaus Kelheim:** Das Bräuhaus ist die älteste Weißbierbrauerei Bayerns – seit 1607 wird hier Bier gebraut. Die berühmte Schneider Weisse wird hier hergestellt und natürlich auch ausgeschenkt. Am gemütlichsten ist es im rustikalen Bräustüberl oder – bei schönem Wetter – im großen Biergarten. Hier gibt es zur kühlen Halben auch die passenden bayerischen Gerichte für den großen und den kleinen Hunger. Emil-Ott-Str. 3, Tel. 09441/34 80, wwww.weisses-brauhaus-kelheim.de
- **Keltisches Erbe:** Die Region um Kelheim besitzt sehr viele Denkmäler aus der Vorzeit, vom Neolithikum bis ins 19. Jh. Ein archäologischer, 18 km langer Rundweg, der am Archäologischen Museum in der Innenstadt beginnt, zeigt viele Exponate dazu. In der Stadt und auf dem Michelsberg sind besonders viele Spuren der Kelten gefunden worden, u. a. das spätkeltische Oppidum Alcimoennis, das schon von Ptolemaios (ca. 90–160 n. Chr.) erwähnt wurde und wohl die zweitgrößte keltische Siedlung Süddeutschlands war. Archäologisches Museum Kelheim, Lederergasse 11, Tel. 09441/ 104 92, www.archaeologisches-museum-kelheim.de

Tod in der Donau ein tragisches Ende fand, erinnert bis heute die Bernauer-Kapelle am Petersfriedhof. Für geschichtlich Interessierte ist auch das Gäubodenmuseum einen Besuch wert, das einen Überblick über die Geschichte des Gäubodens – so wird die Region zwischen Wörth an der Donau und Künzing genannt – und der Stadt Straubing gibt. Hier wird u. a. auch ein sehr detailliertes Modell der damaligen Stadt Straubing ausgestellt, das der Drechslermeister Jakob Sandtner im Jahr 1568 anfertigte.

Hinter Straubing nutzen wir für eine kurze, schnelle Etappe die A 8, um nach etwa 20 Kilometern bei Geisling wieder auf die Landstraße abzufahren. Die St 2329 führt nach Minitraching, von dort geht es weiter über Mangolding auf der St 2111 nach Niedertraubling – hier queren wir die A 15 – und schließlich nach Obertraubling. Dort biegen wir links auf die Herzog-Albrecht-Straße in Richtung Bad Abbach ein.

Kurz vor Bad Abbach überqueren wir die A 93, biegen kurz danach links auf die R 4 und nach einem Kilometer rechts auf die St 2143, die uns nach Bad Abbach bringt. Im Ort wechseln wir

In Regen, nur etwa 12 Kilometer hinter Bodenmais, erinnert der »Gläserne Wald« daran, dass wir uns in einer traditionsreichen Glasbläserregion befinden.

ans südliche Donauufer und fahren am Jachthafen vorbei auf der Römerbruchstraße und der Kelheimwinzerstraße bis nach Kelheim, wo wir uns eine etwas längere Pause gönnen.
Wir fahren auf geradem Wege zum Weissen Bräuhaus in der Emil-Ott-Straße 3, der ältesten Weißbierbrauerei Bayerns und

In Neumarkt in der Oberpfalz locken am Ludwig-Donau-Main-Kanal einige Kunstwerke, die für die Landesgartenschau 1998 geschaffen wurden.

Heimat der berühmten Schneider Weisse. Seit 1607 werden hier Bierspezialitäten gebraut. Wir haben Glück und finden trotz des herrlichen Wetters einen Tisch in dem wirklich schönen Biergarten. Auf der Karte stehen die üblichen bayerischen Brotzeiten und Spezialitäten, vom hausgemachten Obatztn bis zum Zwiebelrostbraten, alles in guter Qualität zu akzeptablen Preisen. Natürlich gibt es zum deftigen Mittagsmahl auch eine kühle und prickelnde leichte Schneider Weisse – die hat halb so viel Alkohol wie normales Bier, und deshalb darf auch der Fahrer eine Halbe davon genießen.
Frisch gestärkt brechen wir dann auf zum oberhalb der Stadt gelegenen Michelsberg, um die darauf stehende Befreiungshalle zu besichtigen, die 1842–1863 zum Andenken an die gegen Napoleon gewonnen Schlachten in den Befreiungskriegen von 1813–1815 erbaut wurde. Die monumentale Rundhalle lehnt sich stilistisch an antike und klassizistische Bauwerke an und ist

unbedingt eine Besichtigung wert: Die gigantische Halle mit 45 Metern Kuppelhöhe und 29 Metern Durchmesser ist überwältigend, und die Architektur mit ihren ausgeschmückten Säulen und den dazwischen platzierten weißen Engelsstatuen gibt einen guten Eindruck von dem pathetischen Nationalstolz, der damals herrschte. Wir gönnen uns statt der normalen Eintrittskarte für 3,50 Euro gleich die Kombikarte für 7,50 Euro, mit der wir auch Burg Prunn bei Riedenburg – unser nächstes Ziel – besichtigen können.

Übrigens: Je nach Kondition und Planung bietet sich Kelheim auch an, um nach der Hälfte der Strecke gemütlich den Abend in der Altstadt zu verbringen und in einem der zahlreichen kleinen Hotels, beispielsweise im Hotel Altes Kloster (s. Infokasten), die Nacht zu verbringen.

Bevor wir weiter nach Riedenburg fahren, zieht es uns erst noch zum Donaudurchbruch, der Weltenburger Enge, einer dramatischen Flusslandschaft, an der die Donau zwischen bis zu 80 Meter hohen Felswänden hindurchfließt. Die über fünf Kilometer lange und etwa 400 Meter breite Weltenburger Enge wurde bereits 1840 zum Naturdenkmal erklärt und gilt als eines der schönsten Geotope Bayerns.

Auf der schönen blauen Donau …

- **Weltenburger Enge:** Der Donaudurchbruch bei Kelheim ist eine beeindruckende Natursehenswürdigkeit. In der Weltenburger Enge bahnt sich die Donau ihren Weg durch das obere Jura, sie nutzt dabei den Durchbruch eines bis vor ca. 80000 Jahren dort fließenden Nebenflusses. Viele der hohen Kalkfelsen sind von Höhlen durchzogen. Die traumhafte Landschaft bietet zudem unzählige vor- und frühgeschichtliche Funde von der Steinzeit bis zu den Kelten, historische Bauwerke wie ein römisches Castell, eine Abtei, das Kloster Weltenburg mit Brauerei und andere Sehenswürdigkeiten. Besucher können das Naturschutzgebiet auf mehreren Wanderwegen erforschen.
  Infos unter www.weltenburger-enge.eu
- **Donauschifffahrt** zur Weltenburger Enge: Die Schweiger Personenschiffahrt bietet neben anderen Touren auch Schiffsausflüge zum Donaudurchbruch und nach Weltenburg an. Hier kann man das grandiose Felsenpanorama vom Schiff aus ganz nah erleben. Infos unter Tel. 09441/176 98-0, www.renate.de.

Unser letztes Ziel im Raum Kelheim ist die über 1000 Jahre alte Burg Prunn in der Nähe der Stadt Riedenburg im Altmühltal. Die St 2230 führt mit leichtem Kurvengeschlängel am Main-Donau-Kanal entlang durch eine Waldschneise; nach etwa 14 Kilometer folgen wir dann nach rechts dem Wegweiser Richtung Burg Prunn. Etwa zwei Kilometer führt uns die schmale Straße mit stetiger Steigung bergauf, bis die Burg vor uns sichtbar wird.

Es ist ruhig heute, wir sind fast alleine, obwohl das Wetter herrlich und die Weitsicht gigantisch ist. Die kleine Burg steht auf einem Felsplateau, das über eine schmale und steile Straße erreichbar ist, und bietet einen grandiosen Fernblick auf den Main-Donau-Kanal. Die Burg wurde im Lauf der Jahrhunderte von ihren verschiedenen Besitzern stetig umgebaut und erweitert und präsentiert sich deshalb mit einem Stilmix von der Gotik bis zu Renaissance und Rokoko.

Wie im Märchen: Burg Prunn

Wer die schmale Straße nach Burg Prunn erklommen hat, steht vor einer kleinen Burg, wie man sie sich seit Kindertagen vorstellt: auf einem hohen Felsen gebaut, mit Türmchen, einziehbarer Holzbrücke als Eingang, Innenhof, großem gotischem Festsaal und vielen Erkern und Gebäuden. Die erstmals um 1037 erwähnte Burg wurde nach dem Zweiten Weltkrieg als Museum eingerichtet und im Lauf der Jahre aufwändig restauriert. Auf dem Rundgang durch die Burg erfährt man vieles über die Geschichte und die Bewohner der Burg. Vor allem aber genießt man einen herrlichen Rundumblick auf das Tal der Altmühl und den Main-Donau-Kanal. Infos zur Burg bei der Bayerischen Schlösserverwaltung, Tel. 089/179 08-0, www.burg-prunn.de

Ab Riedenburg folgen wir für fast 40 Kilometer dem Lauf des Main-Donau-Kanals durch das romantische Altmühltal. Zunächst fahren wir auf der St 2230 weiter – nach links haben wir dabei meist den Main-Donau-Kanal im Blick, auf der rechten Straßenseite begleitet uns viel Wald. Ab Beilngries führt uns die B 299 über Berching bis nach Neumarkt.

Zunächst erwartet uns bei Mühlbach jedoch die Mühlbachquellhöhle, eine der größten Karstquellen Nordbayerns. Das umfangreiche, fast sieben Kilometer lange Höhlensystem wurde erst 2001 vollständig erschlossen. Besucher können zwar die Höhlen nicht selbst erforschen, aber der verantwortliche Höhlenverein organisiert regelmäßig geführte Wanderungen auf dem acht Kilometer langen Höhlenkundlichen Weg, der dem Lauf der Mühlbachquellehöhle an der Oberfläche folgt (Infos dazu unter www.muehlbachquellhoehle.de).

Bei Dietfurth – hier fließen der Main-Donau-Kanal und die Altmühl zusammen – wechseln wir für einige Minuten auf die südliche Seite des Main-Donau-Kanals, auf die Ottmaringer Straße. Hinter der Golfanlage Altmühlgolf Beilngries überqueren wir erneut den Main-Donau-Kanal und befinden uns nun auf der gut ausgebauten B 299. Kurz darauf erreichen wir das »Kleinod des Mittelalters«, wie sich die 9000-Einwohner-Stadt Berching gern nennt. Sehenswert sind hier vor allem die historische Stadt-

Rechte Seite: Die mittelalterliche Burg Prunn dient heute als Museum. Von hier aus genießt man einen herrlichen Rundumblick auf das Altmühltal und den Main-Donau-Kanal.

mauer mit ihren vier Toren und 13 Türmen und natürlich die historischen Wohnhäuser in der Altstadt.

Hinter Berching knickt der Main-Donau-Kanal nach links ab, und die B299 führt weiter geradeaus bis nach Neumarkt. Die Bundesstraße bietet zwar keine aufregenden Fahrerlebnisse, bringt uns aber stressfrei und zügig in die ehemalige Residenzstadt Neumarkt, die mit knapp 39000 Einwohnern die viertgrößte Stadt der Oberpfalz ist.

In Neumarkt biegen wir von der B 299 auf die A 8, verlassen diese allerdings nach nur einem Kilometer wieder, um auf die Ingolstädter Straße abzubiegen. Unser Ziel ist das Maybach-Museum (s. Kasten), das auf Betreiben von Helmut Hof-

Essen & Trinken

- **Weißes Bräuhaus Kelheim**, Emil-Ott-Str. 3, 93309 Kelheim, Tel. 09441/34 80, wwww.weisses-brauhaus-kelheim.de: Die Heimat der weltberühmten Schneider Weisse
- **Kupferpfandl Amberg**, Herrnstr. 20, 92224 Amberg, Tel. 09621/245 62: Rustikales, mit viel Holz eingerichtetes Steakhaus in der Amberger Atstadt, nur 5 Gehminuten vom Hotel Fronfeste entfernt. Freundlicher Service, umfangreiche Speisekarte und zivile Preise zeichnen dieses Restaurant aus.

mann, der die mit 15 Fahrzeugen nach eigenen Angaben größte Maybach-Privatsammlung besitzt, entstand. Insgesamt sind in dem 2500 Quadratmeter großen Museumsareal 18 Maybach-

Fahrzeuge und diverse Exponate zu sehen, die sich mit der Firmengeschichte, wie etwa zeitgenössischer Werbung, und natürlich dem Luftschiffbau befassen.

Das Museumsgebäude gehörte ursprünglich den Express-Werken, die hier bis 1959 Motorräder und Fahrräder bauten. Eine an das Maybach-Museum anschließende Ausstellung präsentiert daher auch eine Sammlung von Express-Zweirädern, die in diesem Gebäude produziert wurden.

Am Donaudurchbruch bei Kelheim, als Weltenburger Enge bekannt, fließt die Donau zwischen bis zu 80 Meter hohen Felswänden hindurch.

Wir lassen unser Cabrio vor dem Museum stehen und wandern nun zu Fuß in etwa 15 Minuten in die nur einen Kilometer entfernte historische Altstadt von Neumarkt. Denn die ist sehenswert: Innerhalb und außerhalb der Stadtmauer, die nur noch teilweise erhalten ist, prägen drei Kirchen mit ihren Türmen das Stadtbild – außerhalb der Stadtmauer ist das die evangelische Christuskirche. Die Hofkirche Zu unserer Lieben Frau, eine ehemalige Kapelle, wurde ab 1418 zur Schlosskirche erwei-

tert, allerdings erst um 1523 unter Friedrich II. fertiggestellt. Die St.-Johannes-Kirche mit ihren drei großen Türmen wurde Anfang des 15. Jahrhunderts gebaut und ist das älteste Bauwerk im Kirchentrio.
Weiterhin sehenswert sind der Residenzplatz mit dem Pfalzgrafenschloss, das seit dem 12. Jahrhundert existiert, und das gegen 1415 als gotisches Ratsgebäude entstandene Rathaus, das nach der vollständigen Zerstörung im Zweiten Weltkrieg wieder originalgetreu aufgebaut wurde.
Nur wenige Fahrminuten brauchen wir anschließend vom Stadtzentrum zur oberhalb der Stadt gelegenen, aus dem 13. Jahrhundert stammenden Burgruine Wolfstein. Die Ruine ist recht gut erhalten und kann das ganze Jahr über besichtigt werden. Auch, wer sich nicht für historische Steine interessiert, kommt auf seine Kosten, denn von der Ruine aus bietet sich ein traumhafter Rundblick auf Neumarkt und Umgebung.
Nach dem Ausflug ins Mittelalter nehmen wir die letzten 40 Kilometer unserer langen Tagesetappe unter die Räder und fahren auf der gut ausgebauten B 299 entspannt unserem Ziel entgegen. Auf halber Strecke erreichen wir Markt Kastl. Kastl im Lauter-

Linke Seite oben: Die Burgruine Wolfenstein oberhalb von Kelheim ist in wenigen Fahrminuten zu erreichen und sorgt für eine Reise in die Vergangenheit.

Autos, Schlösser und Ruinen

- **Maybach-Museum:** In den ehemaligen Gebäuden der Express-Werke werden auf 2500 m^2 18 Maybach-Fahrzeuge und viele weitere Exponate aus der Geschichte des Unternehmens präsentiert. Weitere Ausstellungen: Fahrzeuge und Exponate zur Geschichte der Express-Werke. Es werden auch Führungen angeboten. Holzgartenstr. 8, 92318 Neumarkt, Tel. 09181/4877100, www.automuseum-maybach.de
- **Bauwerke in der Altstadt:** Der Residenzplatz ist sehenswert, mit dem aus dem Jahr 1200 stammenden Pfalzgrafenschloss, dem Reitstadel, der früher als Lagerraum für Tierfutter und Waffen diente und 1980 als Konzerthaus wieder aufgebaut wurde, sowie der Hofkirche Zu unserer Lieben Frau. Zudem locken das aus dem 15. Jh. stammende alte Rathaus am Rathausplatz 1 sowie die Wallfahrtskirche Mariahilfberg auf dem Mariahilfberg, eine Barockkirche mit prachtvollem Innenraum (Infos zur Kirche unter Tel. 09181/4760-0, www.kloster-mariahilfberg.de).
- **Burgruine Wolfstein:** Die ehemalige Adelsburg aus dem 13. Jh. wurde um 1670 aufgegeben und verfiel langsam. Die heute noch gut erhaltene Ruine wird vom Verein Wolfsteinfreunde erhalten, die auch umfangreiche Ausgrabungen und Renovierungsmaßnahmen durchführen. Die Burg ist das ganze Jahr über für Besichtigungen zugänglich. Wolfsteinfreunde e. V., Tel. 09181/220846, www.wolfsteinfreunde.de

Das Amberger Eh´häusl ist wohl das schmalste Hotel der Welt.

achtal geht zurück auf eine frühmittelalterliche Burg, die etwa um das Jahr 1000 in ein Benediktinerkloster umgewandelt wurde. Die wohl größte Sehenswürdigkeit des kleinen Marktfleckens ist die Klosterkirche. Hier kann Anna, die Tochter Ludwigs des Bayern, die als Kleinkind starb und als Mumie erhalten blieb, angeschaut werden.

Nach kurzer Pause geht es weiter nach Amberg, unserem Tagesziel. Am Nachmittag weisen wir uns selbst für eine Nacht ins Gefängnis ein: Unser Hotel ist das ehemalige mittelalterliche Gefängnis der Stadt Amberg, die Fronfeste. Diese wurde vor einigen Jahren von den jetzigen Hotelbetreibern übernommen, die es sich zum Ziel gesetzt haben, das im 17.Jahrhundert gebaute und bis 1966 genutzte Gefängnis möglichst originalgetreu zu sanieren und als Hotel zu nutzen. Herausgekommen ist ein einmaliges Übernachtungserlebnis: Die Gäste nächtigen nicht etwa in Zimmern, sondern in den ehemaligen Zellen, die einfach, aber hochwertig ausgestattet sind. Es gibt Einzel- und Doppelzellen und eine ca. 30 Quadratmeter große Zellensuite, die aus drei ehemaligen Gefängniszellen besteht: Links die Schlafzelle, in der Mitte eine schöne Nasszelle und rechts die Wohnzelle mit Couch, TV und Schreibtisch.

Dank der äußerst massiven, originalen Zellentür mit Stahlbeschlägen und »Futterluke« sowie der stabil vergitterten Fenster schläft man absolut sicher – hier wird niemand entführt oder bestohlen. Die Gefängnisillusion wird auch dadurch verstärkt, dass das Personal in

Unterkunft

- **Hotel Fronfeste**, Amberg, Fronfestgasse 8, Tel. 09621/17 95 52, www.hotel-fronfeste.de: Wer schon immer mal Knast-Feeling erleben wollte, ist hier richtig – das im ehemaligen mittelalterlichen Stadtgefängnis neu eingerichtete Hotel bietet eine Zeitreise in die finstere Vergangenheit und ist gleichzeitig komfortabel, ruhig und preiswert.
- **Hotel Eh'häusl**, s. Tippkasten

sehr offiziell wirkenden Uniformen gekleidet ist. Ein wenig mulmig im Magen wird uns, als uns der freundliche »Wachmann« in einem original belassenen Teil des Gefängnisses die ehemalige Todeszelle zeigt, in der die armen Sünder in Gegenwart eines Geistlichen auf ihr letztes Stündlein warten mussten. Richtig gruselig wird es, als er uns im Hinterhof die Stelle der Hausmauer zeigt, an der früher die Guillotine befestigt war – und beiläufig erwähnt, dass die letzte Hinrichtung erst in den 1930er-Jahren stattfand ...

Bevor wir die Zellentür für eine Nacht hinter Gittern schließen (von innen wohlgemerkt!), nutzen wir den abendlichen »Freigang« für ein delikates Abendessen im Steakhaus Kupferpfandl, das uns vom überaus freundlichen und hilfsbereiten »Gefängnispersonal« empfohlen wurde. Dort befände sich der »Knast-Stammtisch«, den viele Gäste der Fronfeste abends zum Essen und einen (oder zwei) gemütliche Schoppen Wein besuchen würden. Und der Tipp war goldrichtig: Das urig eingerichtete Lokal überzeugte mit hervorragender Küche, feinen Weinen und gutem Service zu überaus zivilen Preisen – und nette »Mitinsassen« aus den Nachbarzellen haben wir am Stammtisch auch kennengelernt.

Klein, aber oho!

Wem ein Gefängnis als Quartier zu rustikal erscheint, kann in Amberg auch im kleinsten Hotel, dem Eh'häusl, luxuriös und stilvoll übernachten. Das nur 2,5m breite Gebäude in der Amberger Altstadt wurde vermutlich Anfang des 18.Jh. errichtet. Die Legende berichtet, dass in Amberg seinerzeit nur Paare heiraten durften, die einen schuldenfreien Haus- oder Grundbesitz nachweisen konnten. Um auch armen Paaren die Heirat zu ermöglichen, soll ein Amberger Bürger dieses Haus errichtet haben. Es wurde dann an arme Liebespaare verkauft, die es nach den Flitterwochen an ein weiteres Brautpaar verkauften. 2008 wurde des Haus saniert und dient jetzt als Luxushotel, das auf mehreren Etagen genau zwei Personen Platz bietet. Der Spaß ist nicht wirklich preiswert, aber besonders für Jahres- und Hochzeitstage natürlich ein Erlebnis, dass man bestimmt nicht vergisst. Seminargasse 8, 92224 Amberg, Tel. 09621/378-54, www.ehehaeusl.de

Die weiteren Sehenswürdigkeiten der historischen Stadt Amberg, die zu den besterhaltenen mittelalterlichen Stadtanlagen Europas zählt, heben wir uns für den nächsten Tag auf.

Nach einer erholsamen und extrem ruhigen Nacht und einem umfangreichen Frühstücksbuffet checken wir aus dem gastlichen Ex-Gefängnis aus – mit dem Versprechen an uns selbst, demnächst wiederzukommen.

6 Oben ohne durch den Bayerischen Jura

Von Amberg zum Weltkulturerbe Regensburg

Etappen
Amberg–Hirschau/Monte Kaolino: 18,5 km; Hirschau–Nabburg: 27 km; Nabburg–Neunburg vorm Wald: 21,5 km; Neunburg–Rötz: 12 km; Rötz–Bodenwöhr: 23 km; Bodenwöhr–Nittenau: 10 km; Nittenau–Regensburg: 31 km; Gesamtstrecke: 143 km

Anreise
Aus Richtung Nürnberg über die A 6 bis zur Ausfahrt Amberg-Süd, -Ost oder -West fahren

Information
Tourismusverband Ostbayern, Im Gewerbepark D 04, 93059 Regensburg, Tel. 0941/58 53 90, www.ostbayen-tourismus.de
Regensburg Tourismus GmbH, Roter Herzfleck 2, 93047 Regensburg, Tel. 0941/507-44 10, www.regensburg.de/tourismus

Unterkunft
In Regensburg: Online oder telefonisch über Regensburg Tourismus GmbH (s.o.)

Der Bayerische Jura entstand aus einem Meer, das einst zwischen Sulzbach-Rosenberg und Kelheim das Altmühltal bedeckte. Das Wasser ist verschwunden, zurück blieb eine atemberaubende Landschaft mit sanften Hochebenen, Wald, romantischen Flusstälern und herrlichen Straßen.

Nach einer sehr ruhigen und angenehmen Nacht im »Knasthotel« Fronfeste leisten wir uns zunächst ein umfangreiches Frühstücksbuffet – die »Knastküche« ist einfach, aber lecker und von hoher Qualität. Hier werden wir uns gelegentlich wieder selbst »einliefern«.
Da wir heute nur gut 100 Kilometer bis nach Regensburg unter die Cabrioräder nehmen wollen, bleibt uns nach dem Frühstück

noch viel Zeit, das mittelalterliche Amberg zu erkunden. Die 40 000-Einwohner-Stadt an der Vils mit ihrem fast komplett geschlossenen mittelalterlichen Stadtkern wird gelegentlich auch als »heimliche Hauptstadt der Oberpfalz« bezeichnet. Vor über 1000 Jahren wurde es als Ammenberg das erste Mal erwähnt. Im Mittelalter begann man im Amberger Land mit dem Eisenerz-Abbau und dessen Verarbeitung, was für die Region ein bedeutender Wirtschaftszweig war.

Der Reichtum aus dem Eisenerzbergbau ermöglichte auch den Bau einer für damalige Verhältnisse praktisch unüberwindbaren Stadtbefestigung mit über 100 Türmen und zweireihigen Stadtmauern. Die Stadtmauer mit vier Toren ist bis heute fast vollkommen erhalten und umschließt die Altstadt. Ein fünftes Tor in der Stadtmauer gilt heute als eines der Wahrzeichen der Stadt: Es überspannt in zwei Bögen die Vils, die sich im Wasser spiegeln und dann wirken wie zwei dicht beieinander stehende Kreise –

Eines der Amberger Wahrzeichen ist die »Stadtbrille«, ein doppelter Bogen in der Stadtmauer, durch den der Fluss Vils fließt.

oder wie zwei Brillengläser. Gut zu sehen ist die »Stadtbrille« von der Schiffgasse aus, einem direkt am Flussufer zwischen der Basilika St.Martin und der Brücke der B85 verlaufenden Sträßchen.

Spaziert man entlang der Vils, gelangt man nach kurzer Zeit ins Zentrum der historischen Stadt, auf den Marktplatz. Hier befindet sich auch das denkmalgeschützte Rathaus, mit dessen Bau 1356 begonnen wurde. Auf der anderen Seite des Marktplatzes ragt der Turm der Basilika St. Martin über 90 Meter in den Himmel. Die ab 1421 im spätgotischen Stil errichtete Kirche hat eine wechselvolle Geschichte hinter sich, die durch Reformation und Gegenreformation geprägt wurde. Nach dem Spanischen Erbfolgekrieg erhielt die Kirche ab 1703 die heute noch existierende barocke Innenausstattung. Der Turm ist im Übrigen öffentlich zugänglich und bietet – nach langem Treppensteigen – einen grandiosen Blick auf die Stadt und das Umland.

Neben der malerischen Altstadt mit ihren Bürgerhäusern, Klosteranlagen und Kirchen verfügt Amberg mit der »Glasmacherkathedrale«, dem ehemaligen Thomas-Glaswerk, auch über das letzte Bauwerk, das von der Bauhauslegende Walter Gropius 1967 geplant wurde.

Auch zwei Museen warten auf interessierte Besucher. Das Stadtmuseum zeigt Exponate aus Geschichte, Handwerk und Industrie der Region sowie eine große Ausstellung mit Werken des Amberger Malers und Karikaturisten Michael Matthias Prechtl. Sehenswert ist vor allem aber auch das im Klösterl im Eichenforst untergebrachte »Luftmuseum«, das auf 650 Quadratme-

Amberg

Amberg hat eine der am besten erhaltenen mittelalterlichen Stadtanlagen Europas, und die ganze Innenstadt ist sehenswert, darunter z. B. die fast komplett erhaltene ringförmige Stadtmauer mit Stadtgraben und vier erhaltenen Stadttoren – die »Stadtbrille« ist ein fünftes Tor, das den Fluss Vils in zwei Bögen überspannt und als Wahrzeichen der Stadt gilt.

Der Marktplatz mit gotischem Rathaus ist umgeben von historischen Häusern und lädt mit dem Wochenmarkt und vielen Veranstaltungen das ganze Jahr über zum Bummeln und Verweilen ein. Das gotische Rathaus wurde im 14. Jh. gebaut und ab etwa 1550 um einen Balustradenvorbau und etwas später um das Neue Rathaus ergänzt. Im im ersten Stock befindet sich der große Ratssaal mit einer Decke aus dem 16. Jh.

Wer die Stadt erkunden möchte, sollte auf eine der verschiedenen speziellen Stadtführungen zurück greifen, die angeboten werden, etwa die »Henkerführung«, die an die Schauplätze historischer Gerichtsbarkeit führt; oder die »Bierführung«. Wer möchte, kann sich auch mit einer Rikscha durch die Stadt führen lassen. Infos und Anmeldung zu allen Führungen bei der Tourist-Information, Hallplatz 2, Tel. 09621/102 39, www.tourismus.amberg.de

tern Fläche alles Wissenswerte zum Thema Luft präsentiert.

Die Amberger Altstadt ist entlang der Ufers der Vils besonders romantisch

Oben: Das alte Rathaus in Nabburg wurde 1417 im Renaissancestil erbaut und ist bis heute Amtssitz des Bürgermeisters und der Verwaltungsgemeinschaft Nabburg.

Nach einer kleinen Brotzeit in einer der rustikalen Wirtschaften der Altstadt verlassen wir Amberg auf der B 299 Richtung Norden; unser nächstes Ziel ist die Stadt Hirschau.

Nach gut zwei Kilometern biegen wir an den Schweighoferteichen rechts ab auf die St 2238 und folgen der sich sanft windenden Staatsstraße bis zur Kreuzung mit der B 14 kurz vor Hirschau, an der wir rechts abbiegen.

Hirschau selbst ist weniger interessant für einen Stopp, wohl aber der etwa einen Kilometer außerhalb gelegene Freizeitpark Monte Kaolino – dazu biegen wir direkt im Ort von der Hauptstraße rechts ab auf die Wolfgang-Droßbach-Straße. Nach einigen hundert Metern hat man den Eindruck, auf eine Mondlandschaft zuzufahren: Am Straßenrand sind hinter Zäunen große Abraumhalden und steinbruchähnliche Gruben zu sehen. Das hat seinen Grund, denn in der Region um Hirschau gibt es große Kaolinvorkommen, die hier abgebaut werden.

Der Monte Kaolino ist das Ergebnis dieser Wirtschaftstätigkeit: Er entstand durch das Aufschütten von kaolinhaltigem Quarzsand, einem Abfallprodukt der Kaolingewinnung. Der etwa 120 Meter hohe Hügel wird seit den 1950er-Jahren als Freizeitgelände genutzt. Es gibt dort ein Freibad, eine Piste samt Seilbahn, die zum Sandski- und Sandboardfahren genutzt wird, und außerdem noch einen Hochseilgarten für Kletterer, eine Sommerrodelbahn und eine Inlineskater-Strecke. Selbst wenn man keine Sportpause einlegen möchte, ist die Fahrt zum Monte Kaolino interessant, weil das Gelände so unwirklich erscheint, als ob man plötzlich auf dem Mond oder in der Wüste stehen würde.

Zurück in Hirschau biegen wir rechts auf die Hauptstraße ab und folgen der gut ausgebauten B 14. Nach etwa zehn Kilometern durch meist waldiges Gebiet verlassen wir die Bundesstraße und fahren nach rechts ab auf die Kreisstraße AS 32, die später

Das Oberpfälzer Freilandmuseum bei Nabburg dokumentiert Leben und Arbeit in vergangenen Jahrhunderten und bietet im historischen Wirtshaus regionale Küche.

zur St 2399 wird. Die kleine Straße erscheint uns reizvoller als die zwar schnellere, aber langweiligere Variante über die Bundesstraße und die A 93 – beide Strecken führt nach Nabburg, unserem nächsten Zwischenziel.

Dabei passieren wir den rechts der Straße liegenden Otterweiher, der von Triechenbach und Feistenbach bewässert wird. Hier lichtet sich der Wald und auf der linken Straßenseite dominieren nun Felder. Kurz vor Kemnath am Buchberg sind wir ringsum von bewirtschafteten Feldern umgeben und genießen den Rundumblick aus unserem Cabrio heraus – so sieht ein entspannter Cabrioausflug aus.

Nach einer guten halben Stunde erreichen wir Nabburg. Das 6000-Einwohner-Städtchen liegt mitten im Naturpark Oberpfälzer Wald; erste Spuren einer Besiedlung reichen bis ins 8. Jahrhundert zurück, eine frühmittelalterliche Burg war wohl die Keimzelle der heutigen Altstadt. Bis heute wird sie durch eine massive Stadtmauer geschützt, die wir durch das gut erhaltene Mähntor durchfahren, um in die Altstadt zu gelangen. Ein zweites Stadttor, das Obertor, erlaubt im Norden den Zugang zur Altstadt.

Das Stadtzentrum ist wahrhaft bezaubernd mit seinem Kopfsteinpflaster und den schön restaurierten historischen Häusern. Besonders das Alte Rathaus von 1580 mit den Staffelgiebeln und seinem Turm zieht die Blicke auf sich. Auch die gesamte Bebauung am Oberen Markt, die bis ins 14. Jahrhundert zurückreicht, ist sehenswert. Wir verbringen eine knappe Stunde damit, durch die historischen Gassen zu streifen und die meist liebevoll gestalteten Straßenzüge zu bewundern, bevor wir erneut dem Ruf der Straße folgen.

Nächster Stopp ist Neunburg vorm Wald im Schwarzachtal. Bereits um das Jahr 900 entstand hier am Ufer der Schwarzach die Neue Burg, die später dem Ort ihren Namen gab. Viel gibt es aber nicht zu sehen in Neunburg, obwohl auch dieses Städtchen über eine Reihe schöner historischer Bauwerke verfügt, wie etwa das 1411 im spätgotischen Stil erbaute Rathaus mit dem Ende des 19. Jahrhunderts entstandenen Marienbrunnen und das Altstadt-Ensemble mit der St.-Josefs-Kirche, der Burg und den Befestigungsanlagen mit Türmen, Mauer und Zwinger.

Ins Oberpfälzer Freilandmuseum

Nur ein paar Kilometer vom Zentrum Nabburgs entfernt befindet sich das Oberpfälzer Freilandmuseum, das seine Besucher auf eine Zeitreise in das Leben und die Arbeitswelt in der Oberpfalz der letzten 300 Jahre schickt. Über 50 neu aufgebaute historische Gebäude zeigen Architektur und Lebensweise in den verschiedenen Regionen der Oberpfalz, und eine große Anzahl alter Haustierrassen – vom Huhn über Ziegen, Schweine, Pferde bis zu Rindern – zeugt von der »guten alten Zeit«. Und natürlich wartet auch das historische Wirtshaus »Beim Wirth« auf durstige und hungrige Besucher. Oberpfälzer Freilandmuseum Neusath-Perschen, Museumsverwaltung, Neusath 200, 92507 Nabburg, Tel. 09433/24 42-0, www.freilandmuseum.org

Sehenswert ist hingegen die Umgebung, und so halten wir uns nicht lange auf und fahren auf der St 2151 weiter Richtung Osten zum Eixendorfer Stausee. Die gut ausgebaute Staatsstraße überquert auf einer hohen Brücke den nördlichen Zipfel des Stausees – sie gilt allerdings als gefährlich, da sie durch waldreiches und unübersichtliches Gelände führt und aufgrund ihrer Breite viele Autofahrer dazu verleitet, leichtsinnig und schnell zu fahren, was bereits zu zahlreichen, teils fatalen Unfällen geführt hat. Also Vorsicht am Gaspedal!

Am westlichen Zipfel des Sees bietet das Oberpfälzer Handwerksmuseum Einblicke in 20 traditionelle Handwerksberufe; u. a. sind dort eine Dampflokomotive, ein Hammerwerk und zwei Sägewerke zu bestaunen.

Wir fahren auf der St 2151 bis nach Rötz und biegen dort nach Süden ab auf die St 2150 Richtung Bodenwöhr, einem staatlich anerkannten Erholungsort. Die teilweise sehr kurvige Straße führt abwechselnd durch dichten Wald und Ackerland und bietet viel Fahrvergnügen – wir haben Glück, dass die Verkehrsdichte gering ist und am Wochenende keine Vierzigtonner den Vortrieb hindern.

Wenige Kilometer vor Bodenwöhr stößt die St 2150 auf die B 85; wir bleiben jedoch nur etwa anderthalb Kilometer auf der Bundesstraße und biegen dann mitten im Wald an der nächsten Kreuzung ab auf die SAD 14, die uns durch dichten Wald an Blechhammer und am Hammerweiher vorbeiführt. Der acht Kilometer lange, sehr fischreiche See ist ein beliebtes Freizeitgebiet mit vier Campingplätzen und vielen Ferienwohnungen und Pensionen.

Wir bleiben auf der St 2150, die uns durch Waldstücke und freies Feld hindurch an Bruck und Bergham vorbei nach Nittenau bringt. Sehenswert im Umfeld der am nördlichsten Punkt des Flusses Regen gelegenen Stadt sind verschiedene Burgen und Schlösser, darunter auch die Burgruine Stockenfels, die als »Geisterburg« Mittelpunkt der Sage von den Bierpanschern ist. Hier sollen jede Nacht die büßen, die das nach Mord und Brandstiftung drittschlimmste Verbrechen in Bayern – das Bierpanschen –

Essen & Trinken

Wirthaus »Beim Wirth« im Freilandmuseum Neusath, Neusath 200, 92507, Nabburg, Tel. 09433/63 23, www.freilandmuseum.org: Auf dem Gelände des Freilandmuseums wird man »Beim Wirth« verwöhnt mit regionalen Spezialitäten wie Bauernseufzer mit Sauerkraut, Hausmacherpresssack oder Oberpfälzer Bauerngeräuchertem.

begangen haben: Wirte, Wirtinnen, Schankkellner, Kellnerinnen und andere. Diese »Geisterwanderung« wird vom Nittenauer Festspielverein dreimal pro Jahr an Schloss Stefling sowie den Burgruinen Hof am Regen und Stockenfels effektvoll in Szene gesetzt. Wann die Veranstaltungen stattfinden und wann die Burgen und Schlösser besichtigt werden können, lässt sich auf der Website von Nittenau (www.nittenau.de) nachlesen.

Das Oberpfälzer Handwerksmuseum

Wer sich für historisches Handwerk und Leben interessiert, wird in diesem von der Stadt Rötz betriebenen Museum auf seine Kosten kommen. Und während sich die einen der Dampflok und dem beeindruckenden Dampfsägewerk widmen, können sich die anderen auf dem Kinderspielplatz und in der Museumsschänke »Salzfriedhof« die Zeit vertreiben. Infos zum Museum beim Tourismusbüro Rötz, Tel. 09976/14 82, www.roetz.de

Von Nittenau nach Regensburg, der letzten Etappe unserer Reise durch die Oberpfalz, sind es etwa 30 Kilometer, die wir stressfrei und entspannt auf der B 16 zurücklegen. Die viertgrößte Stadt Bayerns bietet neben Dom und Steinerner Brücke auch noch viele andere Sehenswürdigkeiten und Besonderheiten – genügend für mindestens ein ganzes Wochenende.

Idyllische Ruhe an der Donaufähre bei Regensburg-Prüfening

Wer die besterhaltene mittelalterliche Großstadt Deutschlands, die UNESCO-Welterbe ist, auf eigene Faust erkunden möchte, tut gut daran, sich einen aktuellen Stadtführer zuzulegen, um einen Überblick über all die Sehenswürdigkeiten und Veranstaltungen zu erhalten. (Für diesen Zweck gibt es übrigens auch Stadtführer-Apps fürs Smartphone.) Natürlich bietet die Stadt auch diverse Führungen an, von der Stadtrundfahrt mit dem Bus bis zur Segway-Tour. Genaue Infos über aktuelle Angebote und Kosten dafür gibt es auf der Website der Stadt (www.regensburg.de) oder bei der Touristeninformation am Alten Rathaus (Rathausplatz 4, Tel. 0941/507-44 10).

7 Romantik auf Rädern

Von Würzburg bis Augsburg

Etappen
Würzburg–Tauberbischofsheim: 36,5 km; Tauberbischofsheim–Lauda-Königshofen: 9 km; Lauda-Königshofen–Bad Mergentheim: 11,5 km; Bad Mergentheim–Weikersheim: 13 km; Weikersheim–Röttingen: 8,5 km; Röttingen–Creglingen: 9,5 km; Creglingen–Rothenburg/Tauber: 18,5 km; Rothenburg/Tauber–Schillingsfürst: 16 km; Schillingsfürst–Feuchtwangen: 17,5 km; Feuchtwangen–Dinkelsbühl: 12,5 km; Dinkelsbühl–Wallerstein: 25 km; Wallerstein–Nördlingen: 6,5 km; Nördlingen–Harburg: 19 km; Harburg–Donauwörth: 12 km; Donauwörth–Rain: 16 km; Rain–Augsburg: 43 km; Gesamtstrecke: 274 km

Anreise
Von Frankfurt und Nürnberg über die A 3 bis Biebelried, dann auf der B 25 auf die Romantische Straße fahren

Information
Romantische Straße Touristik Arbeitsgemeinschaft GbR, 91550 Dinkelsbühl, Tel. 09851/55 13 87, www.romantischestrasse.de
Tourismusinfo Würzburg, 97070 Würzburg, Tel. 0931/37 23 35, www.wuerzburg.de
Tourist-Info Tauberbischofsheim, Tel. 09341/803 33, www.tauberbischofsheim.de
Tourist-Information Rothenburg ob der Tauber, Tel. 09861/40 48 00, www.rothenburg.de

Würzburg ist Startpunkt für unsere Cabriotour gen Süden, die von der Franken-Metropole ins schwäbische Augsburg führt und uns neben herrlichen Straßen und Landschaften vor allem romantische Städtchen bietet – wer wirklich alles sehen möchte, sollte für diese Genusstour zwei Tage einplanen.

Würzburg, die sechstgrößte Stadt Bayerns, hat viele Facetten. Sie ist mit der 1402 gegründeten »Hohen Schule zu Würzburg« – jetzt Julius-Maximilians-Universität – die älteste Universitätsstadt Bayerns. Die Stadt im Maindreieck feierte 2004 auch das 1300-jährige Stadtjubiläum. Schon 1000 v. Chr. befand sich auf dem Marienberg eine keltische Siedlung. Besonders im Mittelalter war Würzburg, damals u. a. auch Castello Virteburch und später Wirzaburg und Wirziburg genannt, eine bedeutende Stadt, in der z. B. Friedrich I. Barbarossa seine zweite Frau ehelichte.

Obwohl bei einem Bombenangriff im Zweiten Weltkrieg fast 90 Prozent der Altstadt zerstört wurden, ist Würzburg reich an historischen Baudenkmälern und Kirchen, die einen Besuch lohnen. So wurde die 1720–1744 im Barockstil erbaute Würzburger Residenz 1981 als UNESCO-Weltkulturerbe eingestuft, und die alte Universität aus dem 16. Jahrhundert wurde bis 1985 restauriert und erstrahlt seitdem in alter Pracht.

Aber Würzburg ist ein eigenes Wochenende wert, wir wollen jetzt die Landstraße unter die Räder nehmen und entlang der Romantischen Straße gen Süden reisen.

Wir fahren Richtung Süden auf der B 19 über den Main, um – wenig romantisch, aber dafür flott – auf der A 3 Richtung Frankfurt/Stuttgart und kurz darauf gut 20 Kilometer auf der A 81 Richtung Stuttgart/Heilbronn zu fahren.

Bei Tauberbischofsheim verlassen wir die Autobahn und fahren auf der B 27 weiter nach Tauberbischofsheim. Die Strecke dorthin ist nicht wirklich romantisch, die Stadt aber schon. Wir ver-

lassen nach dem Ortsschild die B 27 und fahren einige Hundert Meter an der Tauber entlang, die wir an der Würzburger Straße nach links abbiegend überqueren, um die Altstadt zu erreichen.

Gleich nach der Tauber halten wir uns links und stellen das Cabrio auf dem großen Parkplatz am Flussufer ab, um die Altstadt zu Fuß zu erkunden. Nur wenige Meter später sind wir in der Altstadt, die von Grabenweg, Schlossweg und Schmiederstraße umschlossen

Würzburg

- **Stadtführungen:** Verschiedene Führungen vom Altstadtrundgang bis zu Nachtführungen mit dem Würzburger Nachtwächter sowie Stadtrundfahrten werden vom Tourismusbüro angeboten. Info über Tel. 0931/37 23 35, www.wuerzburg.de
- **Würzburg-App:** Smartphone-Besitzer (iPhone, Android) können in ihren App-Stores einen kostenfreien Würzburg-Reiseführer herunterladen, der alles Wissenswerte über die Domstadt enthält – von Sehenswürdigkeiten über Gastronomie-, Kultur- und Einkaufstipps bis zu Übernachtungsmöglichkeiten.

wird. In diesem Oval mit etwa 500 Metern Durchmesser befinden sich die meisten historischen Bauwerke, vom Rathaus bis zum Kurmainzischen Schloss, das um 1280 herum erbaut wurde und als eines der Wahrzeichen der Stadt gilt.

Die Weinstadt Lauda-Königshofen lädt mit der historischen Altstadt zu einem romantischen Spaziergang ein.

Wir nehmen uns nur eine knappe Stunde Zeit für einen schnellen Eindruck der Stadt, denn wir haben noch einige Kilometer auf der Romantischen Straße vor uns, die erst nach Tauberbischofsheim so richtig romantisch wird. Wer etwas mehr Zeit hat, kann bei einer der Stadtführungen die Altstadt genauer kennenlernen oder in einer der Besenwirtschaften in den Stadtteilen Impfingen oder Dittwar eine deftige Brotzeit mit einem süffigen Schoppen genießen.

Wir verlassen die Stadt und folgen der B290 entlang der Tauber in Richtung Bad Mergentheim. Nach etwa neun Kilometern müssen wir uns entscheiden: Wir können auf der B 290 bleiben

Seite 77: Die Würzburger Residenz gilt seit 1981 als UNESCO Weltkulturerbe.

und direkt nach Bad Mergentheim fahren, oder wir biegen rechts ab in die Weinstadt Lauda-Königshofen, die mit einigen sehr hübschen und romantischen Fachwerkhäusern sowie mit prunkvollen Kirchen und Bauwerken aus der Hochzeit des fränkischen Barock zu einem Bummel lockt. Und natürlich laden besonders die rustikalen Gasthäuser zu einem Schoppen und zu einer Pause ein – hier sei nur das Gasthaus »Zur alten Kelter« erwähnt mit deftigen Spezialitäten und einer großen regionalen Weinauswahl.

Wir verlassen Lauda auf der K 2832 und fahren etwa 2,5 Kilometer bis zum Ortsteil Königshofen. Hier biegen wir erst links und nach wenigen Hundert Metern dann rechts auf die B 290 ab, die entlang der Tauber an Feldern und Waldstücken vorbei durch die Orte Unterbalbach und Edelfingen nach Bad Mergentheim führt.

In der ehemaligen Residenzstadt des Deutschen Ordens, von Einheimischen auch »Märchedol« genannt, treffen drei große Weinbaugebiete aufeinander. Im Ortsteil Markelsheim wird neben den üblichen Rebsorten auch der »Tauberschwarz« angebaut, eine rote Traube, die nur im Weinbaugebiet Tauberfranken vorkommt.

Die Stadt verfügt über eine große Anzahl historischer Bauwerke, wie etwa das Deutschordenschloss mit Stilelementen aus Barock, Rokoko und Klassizismus. Hier befindet sich eine der größten Ausstellungen zum Deutschen Orden, dessen Hauptsitz von 1526 bis 1809 Bad Mergentheim war. Besonders stimmungsvoll ist aber auch der dienstags und freitags stattfindende Wochenmarkt auf dem von historischen Häusern umrahmten Marktplatz im Zentrum der Stadt. Kostenlose Stadtführungen, die am Alten Rathaus starten, werden freitags, samstags und sonntags angeboten (Infos dazu unter www.bad-mergentheim.de).

Von Bad Mergentheim aus fahren wir auf der B 19 etwa drei Kilometer weit östlich nach Igersheim; dort macht die Hauptstraße

Wo die Wölfe heulen

- **Deutschordenschloss und Museum:** Die Anlage mit ihren herrlichen Gärten und einem Museum zur Geschichte des Deutschen Ordens kann von April–Okt. besichtigt werden. Schloss 16, 97980 Bad Mergentheim, Tel. 07931/522 12, www.deutschordensmuseum.de
- **Wildpark:** Auf insgesamt 35 ha Fläche leben in diesem Park über 70 Tierarten. Am beeindruckensten ist sicherlich das mit 30 Tieren wohl größte Wolfsrudel Europas; mit etwas Glück kann man es bei der Fütterung beobachten. Infos zu Öffnungs- und Fütterungszeiten unter Tel. 07931/56 305-0, Wildpark 1, 97980 Bad Mergentheim,www.wildtierpark.de

Rothenburg ist ein Pflichtziel für Besucher aus aller Welt. Parken Sie außerhalb der Stadtmauer!

einen Knick nach rechts und wird zur L 2551, die bis nach Weikersheim immer dem Flusslauf der Tauber folgt. Vorbei an Markelsheim, der Heimat der Rebsorte »Tauberschwarz«, bis Rothenburg ob der Tauber ist der Fluss nun rechts von der Straße, die sich in lang gezogenen Kurven durchs Taubertal schlängelt, unser Begleiter.

Nach etwa zehn Kilometern erreichen wir Weikersheim mit seinem prunkvollen, 1596–1603 auf den Fundamenten einer alten Wasserburg erbauten Renaissanceschloss und dem beeindruckend schönen Schlosspark im Stil von Versailles. Einmalig sind auch die nahezu komplett erhaltene Inneneinrichtung und der beeindruckende Rittersaal – beides kann im Rahmen von täglichen Führungen besich-

Weikersheim

Der **historische Stadtkern** ist als Gesamtheit denkmalgeschützt; besonders hübsch ist der Marktplatz mit dem Brunnen und dem Tauberländer Dorfmuseum (Näheres dazu bei der Tourist-Information, Marktplatz 7, 97990 Weikersheim, Tel. 07934/102 55, www.weikersheim.de).

Das **Renaissanceschloss** und Stammsitz der Fürsten von Hohenlohe wurde bereits im 12. Jh. als Wasserburg erwähnt. Ab 1586 wurde das Schloss im Renaissancestil umgebaut; die original ausgestatteten Wohnräume und auch der prachtvolle Schlossgarten sind mit Führungen zugänglich. Infos unter Tel. 07934/92 95-0, www.schloss-weikersheim.de

tigt werden. Das Gegenstück zum adligen Prunk sind das Tauberländer Dorfmuseum und der Gänsturm am Marktplatz 8, die mit ihren Sammlungen zu Leben und Kultur der Bauern, Winzer und Handwerker im Tauberland locken.

Kulturell bietet Weikersheim jeden ersten Samstag im Juli das große Musikfest auf Schloss Weikersheim und im September die »Kärwe« (Kirchweih) mit historischem Festzug und das Weinfest Weikersheim-Laudenbach.

Wir belassen es bei einem kurzen Spaziergang durch den Schlosspark und setzen unsere Tour entlang der Tauber fort.

Das nächste Zwischenziel ist Röttingen, ein kleines Städtchen mit großen Sehenswürdigkeiten. Der mittelalterliche Stadtkern mit seinen Fachwerkhäusern und dem barocken Rathaus wird von einer Stadtbefestigung mit noch sieben gut erhaltenen Wehrtürmen umfasst.

Von Sonnenuhren und Fingerhüten

- **Sonnenuhrenweg, Röttingen:** Dem 2 km langen Rundweg mit kunstvollen Sonnenuhren, den der Schlossermeister Kurt Fuchslocher aus Bad Mergentheim anlegte, verdankt die Stadt ihren Beinamen »Sonnenuhrenstadt«. Infos bei der Tourist-Information, Marktplatz 1, 97285 Röttingen, Tel. 09338/97 28 55, www.roettingen.de
- **Fingerhutmuseum, Creglingen:** Das weltweit einzige Spezialmuseum für Fingerhüte befindet sich ca. 1 km außerhalb: 97993 Creglingen, Kohlesmühle 6, direkt neben der Herrgottskirche.
  Es bietet einen Überblick über die durchaus spannende Geschichte dieser Nähhilfsmittel für die »besseren Kreise«. Im Museumsshop kann man auch vor Ort angefertigte Fingerhüte aus Gold und Silber erwerben. Infos unter Tel. 07933/370, www.fingerhutmuseum.de

Unbedingt erwandern sollte man sich den zwei Kilometer langen »Sonnenuhrenweg« mit seinen über 30 sehenswerten Sonnenuhrobjekten. Besenwirtschaften wie der »Winzerhof« laden zu einem gemütlichen Schoppen ein – leider müssen wir darauf jedoch verzichten, denn wir folgen weiter dem Ruf der Straße.

Für die zehn Kilometer bis Creglingen benötigen wir nur etwa 15 Minuten, denn wir haben es gut getroffen: Die Landstraße ist wenig befahren, und so bummeln wir entspannt durch die liebliche Landschaft des Taubertals.

Wie schon Röttingen gefällt auch das in einer traumhaften Landschaft eingebettete Creglingen mit seiner historischen Altstadt mit zahlreichen Fachwerkhäusern, dem ehemaligen Schloss und Teilen der ehemaligen Stadtbefestigung. Unbedingt einen kurzen Abstecher wert ist die etwa einen Kilometer südlich der Stadt gelegene Herrgottskirche mit dem um 1508 geschaffenen

Marienaltar von Tilman Riemenschneider, der als eines der wichtigsten Werke mittelalterlicher Holzschnitzkunst gilt. Bei der Herrgottskirche befindet sich auch eine weitere Sehenswürdigkeit der Stadt: Das Fingerhutmuseum, in dem seit Anfang der 1980er-Jahre über 4000 Exponate ausgestellt sind. Fingerhüte waren in der Vergangenheit nicht nur Arbeitsgerät, sondern auch Schmuck und Statussymbol für die Oberschicht. Deren Damen stickten gern und nutzten dazu aufwändig verzierte und wertvolle Fingerhüte aus Edelmetallen und anderen wertvollen Materialien. Eine kleine Manufaktur im Museum hält diese Tradition aufrecht und fertigt Schmuck-Fingerhüte für Sammler und Liebhaber an.

Mit einem neuen Schmuckstück am linken Daumen besteigen wir unser Cabrio, verlassen dann kurz hinter Creglingen auf der St 2268 Baden-Württemberg und lassen uns nun wieder von der bayerischen Landluft umwehen, bis wir nach knapp 20 Kilometern und einer halben Stunde Fahrzeit das weltberühmte Rothenburg ob der Tauber erreichen.

Mit seiner gut erhaltenen mittelalterlichen Altstadt ist der Ort eine populäre Touristenattraktion und zieht Besucher aus aller Welt an. Vor allem für Nichteuropäer steht die Stadt wohl auf jedem Reiseprogramm, und wenn man die Touristenströme sieht und hört, versteht man plötzlich, warum die Hinweisschilder der Romantischen Straße auch in Japanisch beschriftet sind …

Die historische Altstadt von Rothenburg

Trotz des Touristenrummels ist ein Besuch der Altstadt unbedingt zu empfehlen, denn Rothenburg hat in der Tat viel zu bieten.

Ein Tipp allerdings vorab: Parken Sie unbedingt außerhalb der äußeren Stadtmauer auf einem der großen Parkplätze. Von dort sind es nur wenige Gehminuten bis in die Altstadt, die kaum Parkmöglichkeiten bietet.

Man erreicht die Altstadt am stilvollsten durch eines der neun Tore in der zu großen Teilen erhaltenen Stadtmauer, die aus zwei Ringen besteht: der inneren Stadtmauer, die um 1172 erbaut wurde, und der im 14. Jahrhundert entstandenen äußeren Stadtmauer. Der Wehrgang der Stadtmauer ist übrigens auf etwa 2,5 Kilometern begehbar – von dort sieht man große Teile der historischen Altstadt.

Rothenburg ist vor allem wegen des weitgehend komplett erhaltenen und geschlossenen Altstadt-Ensembles so sehenswert. Ein Highlight ist natürlich der großzügige historische Marktplatz mit dem prachtvollen Rathaus und seinem gotischen Westbau aus dem 13. Jahrhundert, dem Kaisersaal und den Renaissance-Bauten aus dem 16. Jahrhundert. Besonders sehenswert ist auch der Gebäudekomplex des Spitals zum Heiligen Geist: Das älteste Bauwerk hier ist die ehemalige katholische Spitalkirche, die um 1280 erbaut wurde.

Rothenburg ob der Tauber

Die **historische Altstadt** bietet so viel Sehenswertes, dass eine Stadtführung die sinnvollste Methode ist, um einen Überblick über dieses mittelalterliche Kleinod zu erhalten (Infos dazu beim Tourismus-Service, Marktplatz 2, Tel. 08961/40 48 00, www.rothenburg.de).

Das **Mittelalterliche Kriminalmuseum** gibt einen Einblick in das Rechtsgeschehen der letzten 1000 Jahre, zeigt den Ablauf mittelalterlicher Gerichtsverfahren, Folterinstrumente und auf vielen Kupferstichen und Holzschnitten aufsehenerregende Kriminalfälle der Vergangenheit. Burggasse 3–5, Tel. 09861/53 59, www.kriminalmuseum.rothenburg.de

Für einen möglichst umfassenden Eindruck der Stadt empfiehlt es sich, eine der Stadtführungen zu buchen, die etwa eineinhalb Stunden dauern. Unseren Plan, in Rothenburg eine Mittagspause einzulegen, haben wir aufgrund der mit Touristen ziemlich überlaufenen Altstadt fallen gelassen und beschlossen, dieses bei der nächsten Station unseres Ausfluges in einem etwas ruhigeren Ambiente nachzuholen.

Wir verlassen Rothenburg auf der Nördlinger Straße Richtung Süden, die bei Sankt Leonhard zur St 2249 und bei Gebsattel zur AN 33 wird, nun Schlossstraße heißt und sich in sanften Kurven durch Ackerland und Waldstückchen schlängelt.

In Diebach folgen wir nach links der St 2247, die jetzt Hauptstraße heißt und uns erst über die A 7 führt und dann nach Schillingsfürst. Das kleine Städtchen kann auf eine über 1200-jährige Geschichte zurückblicken; Wahrzeichen des Ortes ist das weithin sichtbare Barockschloss der Fürsten zu Hohenlohe-Schillingsfürst. Unser Ziel jedoch ist der Gasthof Zum Adler, dessen Geschichte als Wirtschaft bis ins Jahr 1522 zurückreicht. Hier verbringen wir die Nacht, um am nächsten Tag ganz entspannt

Edle Jäger

Direkt in Schloss Schillingsfürst, inmitten des Naturparks Frankenhöhe, befindet sich der **Jagdfalkenhof**. Die Flugschau mit den majestätischen Greifvögeln sollte man sich auf keinen Fall entgehen lassen. Fürstlicher Falkenhof Schillingsfürst, Am Wall 14, 91583 Schillingsfürst, Tel. 09868/201, www.falkenhof-schillingsfuerst.de

die zweite Hälfte unserer Tour zu fahren. Im Dreißigjährigen Krieg brannte das Gebäude vollständig nieder, aber bereits 1652 errichtete man an gleicher Stelle wieder ein Gebäude, in dem nun seit 1959 die Familie Trumpp das Gasthaus Zum Adler führt. Die Küche bietet saisonal und regional bestimmte Gerichte an, und die Zimmer sind einfach, aber freundlich eingerichtet.

Den Nachmittag nutzen wir zu einer Besichtigung von Schloss Schillingsfürst. Dort bietet der Bayerische Jagdfalkenhof den Besuchern die Möglichkeit, Greifvögel wie Adler, Falken und Geier zu erleben. Zwischen März und Oktober findet jeweils vormittags und nachmittags eine Flugvorführung statt, die man nicht verpassen sollte.

20 Kilometer sind es nun bis zur Festspiel- und Casinostadt Feuchtwangen, die unser erstes Ziel nach einer ruhigen Nacht im Gasthof Zum Adler ist. Wir fahren auf der St 2246 aus dem Ort hinaus und biegen kurz vor der A 7 links ab Richtung Wörnitz/Mittelstetten. Die St 2419 führt durch das weitläufige Wörnitztal und an Wörnitz und Mittelstetten vorbei.

1,5 Kilometer vor dem Autobahnkreuz Feuchtwangen-Nord wird es dann waldig, ehe die Landschaft vor Feuchtwangen wieder offener wird. Wir kreuzen die Autobahn und fahren geradeaus weiter auf der B 25 durch Dorfgütingen und Banzenweiler, bis wir die ersten Häuser von Feuchtwangen erreichen und uns im Zentrum einen Parkplatz suchen.

Feuchtwangen ist eine Stadt der Gegensätze. Auf der einen Seite ist es eine in 1200 Jahren gewachsene alte Stadt mit der Stiftskirche aus dem 13./14. Jahrhundert, dem aus dem 12. Jahrhundert stammenden romanischen Kreuzgang, der im Sommer für Theateraufführungen genutzt wird, und dem mittelalterlichen Stadtbild mit den Resten der Stadtmauer, dem Marktplatz mit seinen Bürgerhäusern und dem barocken Röhrenbrunnen. Auf der anderen Seite präsentiert sich das moderne Feuchtwangen etwa mit der futuristischen Architektur der verkehrsgünstig an der A 7 gelegenen Spielbank Feuchtwangen, in der man nicht nur sein Glück versuchen, sondern im Casinorestaurant auch gepflegt seinen Hunger stillen oder an den Bars bei einem Cocktail den Glücksrittern zusehen kann.

Wir investieren unser Geld lieber in die nächste Tankfüllung und fahren weiter gen Süden, auf der B 25 in Richtung Dinkelsbühl/Donauwörth. Die gut ausgebaute Bundesstraße führt in sanften Schwüngen durch die Landschaft, Felder wechseln sich mit Waldstückchen ab. Wir passieren die Orte Schopfloch und Leihengütingen und erreichen nach gemütlichen 20 Minuten und 13Kilometern ganz stressfrei Dinkelsbühl, das, wie so viele Orte

Highlights des Renaissanceschlosses in Weikersheim sind der Garten im Stile von Versailles und die komplett erhaltene prunkvolle Inneneinrichtung.

an der Romantischen Straße bekannt ist für seinen mittelalterlichen Stadtkern und eine nahezu vollständig erhaltene Stadtmauer mit 16 Türmen und vier Toren, die von herrlichem altem Baumbestand, Weihern und Obstgärten umgeben ist.

Auf dem Gelände der ehemaligen Landesgartenschau vor den Mauern kann man im »Arche Noah Garten der Sinne« vielfältige Natur sehen, riechen und erleben. So ist auch der Weißstorch seit einigen Jahren

Feuchtwangen

Die im März 2000 eröffnete **Spielbank** in einem modernen Zweckbau direkt an der A 7 bietet alle Casinospiele von Poker bis Roulette und einen großen Saal mit Spielautomaten. Geöffnet ist täglich ab 12 Uhr. Am Casino 1, 91555 Feuchtwangen, Tel. 09852/90 06-0, www.spielbanken-bayern.de/feuchtwangen.

Die **Schranne**, ein ehemaliger Kornspeicher in der Unteren Torstraße, beherbergt heute eine Sammlung historischer Feuerwehrgerätschaften. Näheres dazu bei der Tourist-Information, Marktplatz 1, Tel. 09852/904 55, www.feuchtwangen.de

Dinkelsbühl

Vor der Stadtmauer entstand auf dem ehemaligen Gelände der Landesgartenschau der **»Arche Noah Garten der Sinne«**, in dem man die regionale Flora und Fauna erleben kann. Auch einige Storchenpaare haben sich hier und direkt in der Stadt auf dem Rathausturm niedergelassen.

Das **Deutschordenschloss** an der Föhrenberggasse wurde 1964 im Rokokostil an der Stelle des alten Tewtscher Hofs erbaut. Es ist Teil eines Stadtrundgangs in 17 Stationen, der vom Münster St. Georg bis zum Neuen Rathaus führt. Der Rundgang wird auf der Website www.dinkelsbuehl.de unter dem Menüpunkt »Entdeckungstour« detailliert beschrieben. Touristik Service, Altrathausplatz 14, Tel. 09851/92 04 70, www.dinkelsbuehl.de

wieder heimisch, einige Paare nisten direkt in der Stadt auf dem Alten Rathaus. Das Familienleben der Rathaus-Störche kann man übrigens auch im Internet unter www.storch24.de mit einer Webcam verfolgen.

Die spätmittelalterliche Altstadt ist auch deshalb so sehenswert, weil sie sowohl im Ersten als auch im Zweiten Weltkrieg unbeschädigt blieb – hier musste nichts aus Trümmern wiederaufgebaut werden wie bei den meisten anderen Ortschaften an der Romantischen Straße. Zum Bummeln und Entspannen bei einem Kaffee in einer der Wirtschaften bieten sich vor allem die historischen Marktplätze Weinmarkt, Ledermarkt und der Altrathausplatz an, die mit historischen Fachwerk- und Bürgerhäusern vom Wohlstand so mancher Bürger der Stadt zeugen.

Zum Abschluss unserer Pause in Dinkelsbühl besuchen wir noch das Münster St. Georg, das als eine der schönsten spätgotischen Hallenkirchen Süddeutschlands gilt. Uns interessiert vor allem der alte Friedhof auf dem Kirchhof. Einer Sage nach hat hier ein Pfarrer vor dem Dreißigjährigen Krieg wertvolle Apostelfiguren aus Silber vor dem Feind vergraben

Linke Seite: In Bad Mergentheim, der ehemaligen Residenzstadt des Deutschen Ordens, treffen drei Weinbaugebiete aufeinander.

und sein Geheimnis mit ins Grab genommen. Zu gewissen Stunden sollen jedoch der Pfarrer und seine Köchin auf dem Friedhof erscheinen, um Besucher, die zur rechten Zeit dort sind, zum Schatz zu führen.

Wir waren eindeutig zur falschen Zeit da und fahren deshalb ohne Schatz weiter auf der B25 in Richtung Wallerstein. Etwa 25 Kilometer geht es an Feldern, Wiesen, Äckern und gelegentlichen Waldstücken vorbei, rechter Hand begleitet von der Wörnitz, die erst bei Wilburgstetten nach Westen weiter fließt, während wir gen Süden streben.

Die Marktgemeinde Wallerstein liegt mitten im Nördlinger Ries, einer etwa 22 x 24 Kilometer großen Senke, die vor knapp 15 Millionen Jahren durch einen Meteoriteneinschlag entstand. Das Ries, der Krater des Meteoriten, liegt etwa 100–150 Meter tiefer als die Alblandschaft drumherum und ist bis auf wenige Ausnahmen flach wie die Niederlande.

Wallerstein ist geprägt durch seine Historie als Residenz der Fürsten zu Oettingen-Wallerstein, einem der ältesten Adelsgeschlechter Deutschlands. Das großzügige Schloss mit seiner Parkanlage ist bis heute in Familiensitz und kann daher nur auf Anfrage besichtigt werden. Gern gesehen sind Besucher jedoch im Fürstlichen Brauhaus auf dem Schlossgelände. Dort werden die wirklichen leckeren Biere des fürstlichen Brauhauses ausgeschenkt und dazu natürlich auch regionaltypische Küche serviert. Wenn Sie zwei Stunden Zeit haben, ist eine Brauereiführung mit abschließender Bierprobe unbedingt zu empfehlen.

Wir gönnen uns im Brauhaus eine »Russen-Halbe« (Weißbier und Zitronenlimonade zu gleichen Teilen), können uns aber nicht zurückhalten, unseren Kofferraum mit einigen Bierspezialitäten aus dem Brauereishop zu füllen, bevor wir zum Endspurt unserer romantischen Cabriotour aufbrechen. Nördlingen, Har-

Nördlingen

Nördlingen hat die einzige **Stadtmauer** Deutschlands mit vollständig erhaltenem und überdachtem Wehrgang, der komplett begehbar ist. Man umwandert auf dem 2,6 km langen Wehrgang die gesamte historische Altstadt. Infos bei der Tourist-Information, Marktplatz 2, Tel. 09081/84 216, www.noerdlingen.de

Das 1985 auf dem Gelände des ehemaligen Bahnbetriebswerk Nördlingen eröffnete **Eisenbahnmuseum** ist mit über 100 Originalfahrzeugen das größte seiner Art in Bayern in privater Hand. Auf einigen Strecken führt eine Tochtergesellschaft Bahnfahrten mit historischen Zügen durch. Am Hohen Weg 6a, Tel. 09081/24309, www.bayerisches-eisenbahnmuseum.de

burg, Donauwörth und die Gartenstadt Rain sind die letzten Etappen vor dem Tourende in Augsburg.

Von Wallerstein nach Nördlingen ist es nur ein Katzensprung: Nach 10 Minuten haben wir die knapp sieben Kilometer geschafft und finden uns erneut im Mittelalter wieder. Auch Nördlingen begeistert mit seinen historischen Bauten und Plätzen, die zum Verweilen und Besichtigen einladen. Die Stadtmauer mit elf Türmen und fünf Toren ist vollständig erhalten und als einzige Stadtmauer Deutschlands rundum auf 2,6 Kilometern Länge begehbar. Für einen atemberaubenden Rundumblick auf die Stadt und das Nördlinger Ries ist der 90 Meter hohe begehbare Glockenturm der St.-Georg-Kirche die richtige Adresse: Bei klarem Wetter reicht der Blick vom Daniel (so heißt der Turm) viele Kilometer weit ins Land hinein.

Burg Harburg

Diese Burg zählt zu den größten, ältesten und am besten erhaltenen Burganlagen Süddeutschlands und thront über der gleichnamigen Stadt an der Wörnitz. Mitte des 12. Jh. wurde sie erstmals als Staufische Reichsburg erwähnt; Ende des 13. Jh. gelangte sie in den Besitz der Grafen und späteren Fürsten zu Oettingen. Die Burganlage kann von März bis Ende Okt. besichtigt werden. Burgstraße 1, 86655 Harburg, Tel. 09080/968 60, www.burg-harburg.de

Von den verschiedenen Museen der Stadt ist das Bayerische Eisenbahnmuseum mit seinen über 100 originalen Fahrzeugen aus der Geschichte des Eisenbahn wohl am spektakulärsten und unbedingt einen Besuch wert: Es ist von Mai bis September täglich außer Montag geöffnet.

Die Weiterfahrt nach Harburg sollte unbedingt durch die Nördlinger Altstadt führen. Der Verkehr ist nicht sehr stark, aber man durchfährt viele verwinkelte Gassen mit hübschen, gut erhaltenen historischen Gebäuden und erhält so quasi im Vorbeifahren einen Eindruck der Stadt.

Die B 25 führt nun fast schnurgerade nach Harburg, wo wir die über der Stadt gelegene Burg besichtigen wollen. Die Bundesstraße durch das bezaubernde Nördlinger Ries ist angenehm und ohne fahrerische Höhepunkte; erst kurz vor Harburg wird es kurviger, und die Auffahrt zur über dem Städtchen thronenden Burg über eine kleine und sehr kurvenreiche Straße erfordert dann tatsächlich emsiges Kurbeln am Lenkrad.

Rechte Seite: Dinkelsbühl begeistert mit der fast vollständig erhaltenen Stadtmauer und der historischen Altstadt, die beide Weltkriege unbeschädigt überstand.

Aber Spaß muss sein, und wir flitzen die kleine Bergstraße mit Schwung empor bis zur Burg, die in wesentlichen Teilen erhalten ist und einen guten Eindruck davon vermittelt, wie man sich im Mittelalter vor Feinden schützte. Am besten lernt man die Anlage bei einer der Führungen kennen, die in der Saison von März bis Oktober mehrmals täglich angeboten werden.

Anschließend bietet sich eine Rast in der wirklich hübschen »Fürstlichen Burgschenke« an, die von der Biergarten-Brotzeit bis zum mittelalterlichen Rittermahl für jeden Geschmack und Anlass das passende Angebot hat.

Gestärkt verlassen wir die Burg und genießen die Abfahrt auf derselben Strecke durch die wildromantische Landschaft auf der kleinen Straße hinunter bis in die historische Altstadt mit der Wörnitzbrücke.

Nach Donauwörth fahren wir nicht auf der B25, obwohl dies die offizielle Route der Romantischen Straße ist, sondern wir folgen vielmehr der Brünseer Straße und damit der Wörnitz. Ab dem Ort Brünsee verläuft die kleine Straße direkt an der Wörnitz, mitten durch Felder, Wiesen und kleine Waldstücke. Wir queren erst die B25 und dann die Wörnitz, bevor wir auf der Langgasse durch Ebermergen fahren, einen Ortsteil von Harburg. Hier münden gleich vier Bäche in die Wörnitz. Nach Ebermergen heißt die Straße nun Oberriedstraße; diese führt uns an Wörnitzstein

Donauwörth

- **Historische Altstadt und Reichsstraße:** Unbedingt anschauen!! Bei einem Spaziergang entlang der Reichsstraße passiert man eine ganze Reihe historischer Bauten, die das Stadtbild der ehemaligen Freien Reichsstadt prägen: Rathaus (1236), Stadtzoll (1418), Tanzhaus (um 1400), Fuggerhaus (1537). Das Münster »Zu unserer Lieben Frau« (1444), das Bürgerspital und die Reste der mittelalterlichen Stadtbefestigung sind nur die prominentesten Beispiele. Infos bei der Tourist-Information, Rathausgasse 1, Tel. 0906/78 91 51, www.donauwoerth.de
- **Käthe-Kruse-Puppenmuseum:** Puppenfreunde sollten unbedingt einen Besuch einplanen. Das Museum zeigt einen großen Teil der privaten Sammlung der Kruse-Familie. Über 100 Puppen werden in liebevoll arrangierten Szenen präsentiert. Pflegstr. 21a, Tel. 0906/78 91 70, www.kaethe-kruse.de

vorbei und in einem langen Linksbogen wieder über die Wörnitz. Direkt hinter der Flussbrücke fahren wir rechts entlang der Wörnitz und nach wenigen Hundert Metern links in die Felsheimer Straße, an Felsheim und Riedlingen vorbei nach Donauwörth, das vielen vor allem als Standort des Luftfahrtunternehmens Airbus Helicopter bekannt sein wird.

Nach dem Ortschild folgen wir der Salingerstraße bis zum Ende, biegen rechts auf die Pflegstraße und suchen uns nach etwa 500 Metern an der Reichsstraße, die als eine der schönsten Straßenzüge Süddeutschlands gilt, einen Parkplatz. Die Reichsstraße ist das Zentrum der Stadt; hier befinden sich, neben einer großen Zahl historischer Patrizierhäuser, das im 13. Jahrhundert erbaute und seit 1853 in der heutigen Form befindliche Rathaus, das um 1400 erbaute Tanzhaus und am westlichen Ende der Straße das prachtvolle Fuggerhaus mit seinem markanten Zinnengiebel. Am höchsten Punkt der Reichsstraße steht das Liebfrauenmünster, eine gotische Backsteinkirche, die 1444–1467 erbaut wurde.

Aber Donauwörth ist nicht nur eine Industriestadt mit historischem Altstadtkern, es ist auch die Heimat der bekanntesten »Puppenmutter« aller Zeiten: Käthe Kruse. Im historischen Ambiente des ehemaligen Kapuzinerklosters in der Pflegstraße zeigt das Museum über 150 Puppen und andere Figuren der Künstlerin Käthe Kruse in liebevoll arrangierten Szenen. In einem Raum wird die Fertigung der Puppen erläutert, ein Film erzählt die Historie, und an einer Telefonstation ist ein Interview mit der großen Puppenmacherin zu hören.

Solcherart kulturell gebildet, schlendern wir die Reichsstraße hinunter zu unserem Cabrio, um unser letztes Zwischenziel, die Gartenstadt Rain am Lech,

Essen & Trinken

- **Würzburger Ratskeller**, Langgasse 1, Tel. 0931/130 21, www.ratskeller-wuerzburg.de: Die traditionsreiche Wirtschaft zwischen Dom und alter Mainbrücke bietet in den rustikalen Gasträumen und in der Sommerlounge urfränkische Spezialitäten, aber auch internationale Küche.
- **Gasthof Zum Adler**, Am Markt 8, 91583 Schillingsfürst, Tel. 09868/14 11, www.gasthof-adler.info: Außerhalb des Rothenburger Touristenrummels bietet dieser historische Gasthof preiswerte und schmackhafte Gerichte mit freundlicher Bedienung und einfachen, aber gemütlichen Zimmern für eine Übernachtung.
- **Fürstliches Brauhaus Wallerstein**, Obere Berggasse 78, 86757 Wallerstein, Tel. 09081/7075, www.fuerstwallerstein-brauhaus.de: Unbedingt eine Brotzeitpause wert ist das Fürstliche Brauhaus, das mit regionaler Küche und vor allem seinen ungemein schmackhaften Bierspezialitäten den Gaumen erfreut.

anzusteuern. Vor 750 Jahren als nordwestliches Bollwerk Altbayerns gegen seine Feinde gegründet, ist Rain nicht nur für seine Altstadt mit den vielen historischen Bürgerhäusern und dem majestätischen Rathaus im Rokokostil bekannt.
Den meisten fällt bei Rain der Gartenspezialist Dehner ein, der mit seinen diversen Gartencentern Deutschlandweit vertreten ist. Rain am Lech ist der Sitz der Blumenexperten, die hier einen großen Blumenpark aufgebaut haben, der täglich viele Besucher anzieht. Ein Spaziergang durch den Blumenpark gleicht einer botanischen Weltreise: Der Schaugarten präsentiert Gartenelemente aus Asien, dem Mittelmeerraum und England in einem einzigartigen, 30 000 Quadratmeter großen Ensemble. Eine der Hauptattraktionen ist der japanische Landschaftsgarten mit Großbonsais, Teichen, Wassertreppen, Findlingen und Bogenbrücke. Auch Rosen, ein Rhododendronhain, ein Bauerngarten, ein mediterraner Kräutergarten und vieles mehr kann man hier bewundern und als Anregung für den eigenen Garten mit heim nehmen. Ein Wellnesshotel und das »Blumenrestaurant Rose« runden das Erlebnisangebot für Pflanzenfreunde ab.

Unterkunft

B & B Hotel Augsburg, Haunstetter Str. 68, 86161 Augsburg, Tel. 0821/498 12-0, www.hotelbb.de: Wenige Minuten von der Freilichtbühne entferntes günstiges Businesshotel, direkt an der B17 Richtung Landsberg, also an der Romantischen Straße gelegen

Wir begnügen uns mit einer Portion Kaffee, bevor wir ein letztes Mal am heutigen Tage unser Cabrio besteigen und dem Jaguar auf den letzten gut 40 Kilometern auf der B 2 nach Augsburg noch einmal ordentlich die Sporen geben.
Die ehemalige freie Reichsstadt Augsburg, eine der ältesten Städte Deutschlands, und der südliche Teil der Romantischen Straße sind das Thema des nächsten Kapitels.

Der botanische Garten in Augsburg mit seinem authentisch angelegten, wunderschönen japanischen Garten

8 Von Klein-Venedig zu den Königsschlössern

Von Augsburg nach Füssen

Etappen
Augsburg–Landsberg am Lech: 42 km; Landsberg–Unterdießen: 10 km; Unterdießen–Markt Leeder: 6 km; Markt Leeder–Denklingen: 3,3 km; Denklingen–Schwabsoien: 11 km; Schwabsoien–Schongau: 6,5 km; Schongau–Peiting: 6 km; Peiting–Rottenbuch: 10 km; Rottenbuch–Wildsteig: 6 km; Wildsteig–Steingaden: 7 km; Steingaden–Halblech: 9 km; Halblech–Schwangau: 10 km; Schwangau–Füssen: 3,5 km; Gesamtstrecke: 132 km

Anreise
Von München über die A 8 bis Ausfahrt Dasing, dann auf der B 300 nach Augsburg. Oder aus Richtung Stuttgart über die A 8 bis Ausfahrt Gersthofen, dann auf der B 17 nach Augsburg. Oder aus Richtung Norden auf der A 7 bis AB-Kreuz Unterelchingen und dort auf die A 8 Richtung München bis Ausfahrt Gersthofen

Information
Romantische Straße Touristik Arbeitsgemeinschaft GbR, Segringer Str. 19, 91550 Dinkelsbühl, Tel. 09851/55 13 87, www.romantischestrasse.de
Regio Augsburg Tourismus GmbH, 86150 Augsburg, Tel. 0821/ 502 07-0, www.augsburg-tourismus.de
Füssen Tourismus und Marketing, Kaiser-Maximilian-Platz 1, 87629 Füssen, Tel. 08362/ 93 85-0, www.fuessen.de

Wir starten in Augsburg mit der Erkundung des südlichen, bayerischen Teils der Romantischen Straße, die in Füssen endet und dort die Deutsche Alpenstraße kreuzt.

Fuggerstadt, Klein-Venedig, Brechtstadt, Mozartstadt, Stadt des Religionsfriedens, Schwabenmetropole: Augsburg, die drittgrößte Stadt Bayerns und eine der ältesten Städte Deutschlands,

hat viele Facetten, die sich zu entdecken lohnen. Bereits im Jahr 121 n. Chr. erhielt die um das kurz vor der Zeitenwende eingerichtete Heerlager entstandene Siedlung Augusta Vindelicorum die Stadtrechte. Aus dieser Frühzeit sind nur wenige Fundstücke erhalten, am besten ist dies bei der bis heute großteils noch vorhandenen Via Claudia Augusta zu sehen, die als eine der wichtigsten Römerstraßen Süddeutschland mit Norditalien verband. Teile der ehemaligen Straße sind heute noch erkennbar, und wir werden auf unserem Weg nach Füssen immer wieder auf Reste dieser Römerstraße stoßen.

Ebenso sehenswert sind die Highlights aus dem Mittelalter. Im 15. und 16. Jahrhundert, zur Zeit der Fugger, war Augsburg eines der wichtigsten Handelszentren der Welt. Entdecker im Auftrag der Augsburger Patrizierfamilien erkundeten u. a. Seewege nach

Linke Seite: Die Fuggerei in Augsburg ist die älteste bis heute bestehende Sozialsiedlung der Welt, die 1521 von Jacob Fugger gestiftet wurde.

Augsburg

- **Fuggerei:** Die älteste Sozialsiedlung der Welt wurde 1521 von Jakob Fugger dem Reichen gestiftet. Sie war für bedürftige Handwerker und Tagelöhner gedacht, die gottesfürchtig und Augsburger sein mussten, um dort für eine symbolische Miete von einem Taler pro Jahr leben zu dürfen. Die Fuggerei beherbergt noch heute in 140 Wohnungen bedürftige katholische Augsburger. Besucher können die Fuggerei auf eigene Faust erkunden; informativer sind die regelmäßig angebotenen Führungen, bei denen auch das in einer der Wohnungen untergebrachte Fuggereimuseum besichtigt wird. Infos unter www.fugger.de
- **Stadtmauer:** Viele Teile der mittelalterlichen Stadtmauern und der Befestigungen sind heute noch erhalten, darunter das Wertachbruckertor, das Jakobertor, der Fünfgratturm, das Vogeltor und der Teil der Stadtmauer am Roten Tor, das heute als Freiluftbühne für Konzerte und Schauspiele genutzt wird.
- **Historische Altstadt:** Nicht nur das prachtvolle Renaissance-Rathaus mit dem riesigen Goldenen Saal im Obergeschoss gehört zum Pflichtprogramm eines Augsburg-Besuchs. Auch die Maximilianstraße mit ihren prachtvollen Bauten im Renaissance- und Rokokostil sowie die Altstadt und das Lechviertel mit den verwinkelten Gassen und schön restaurierten Häusern sind sehenswert. An vielen Straßen fallen auch die schmalen Kanäle auf, die früher mit Wasserrädern die Handwerksbetriebe mit Energie für Maschinen versorgten.
- **Stadtmarkt:** Der Augsburger Stadtmarkt ist Einkaufszentrum für regionale Produkte und internationale Feinkost und lädt darüber hinaus mit Gastronomie im Freien und in der Feinkosthalle auch einfach zum Genießen und Verweilen ein. Er ist von der Innenstadt über die Annastraße zugänglich; wer mag, kann direkt am Stadtmarkt im Parkhaus am Ernst-Reuter-Platz sein Cabrio abstellen.

Indien und unterhielten Handelsbeziehungen mit der gesamten damals bekannten Welt. Die Geschichte der Augsburger Handelswege wird im »Mercateum«, einem von dem bekannten Forscher und Wissenschaftler Wolfgang Knabe in Königsbrunn bei Augsburg errichteten Museumsbau eindrucksvoll präsentiert: Das Gebäude ist eine etwa zehn Meter hohe Kugel, die Außenhaut ist die Reproduktion einer Weltkarte aus dem 16. Jahrhundert und bildet damit den weltweit größten auf einer historischen Karte beruhenden Globus.

Auf die Fugger geht auch die weltweit älteste bis heute bestehende Sozialsiedlung zurück. Die Fuggerei wurde 1521 von Ja-

Kleinste und wenig befahrene Straßen, wie hier bei Denklingen, sorgen für entspannten Fahrspaß.

cob Fugger dem Reichen, gestiftet, bis heute werden die Wohnungen darin an bedürftige katholische Augsburger für den symbolischen Jahresmietpreis von 0,88 Euro vermietet. Eine Führung durch die Siedlung und das dazugehörige Museum ist ein Muss für Augsburg-Besucher.

Sehenswert sind auch die Augsburger Kirchen, der Dom Unsere Liebe Frau und die

Basilika St. Ulrich und St. Afra. Von der im Mittelalter errichteten Stadtmauer mit den großen Wehrbauten sind noch viele Teile erhalten – so ist z. B. die große Freilichtbühne am Roten Tor ein Teil der ehemaligen Stadtmauer. Die Altstadt mit ihren vielen Gässchen und historischen Häusern ist einen ausgiebigen Stadtbummel wert, viele kleine Kneipen und Läden laden zum Genießen und Shoppen ein. Auch dem Stadtzentrum um das Renaissance-Rathaus mit seinem goldenen Saal und den netten Stadtmarkt nahebei sollte man in jedem Fall etwas Zeit schenken.
Nur schwer trennen wir uns von den Attraktionen der schwäbischen Metropole und beginnen unsere Tour entlang des südli-

chen Teils der Romantischen Straße an der Freilichtbühne Rotes Tor in Richtung Landsberg/Lech. Wir folgen der Haunstetter Straße zunächst Richtung Königsbrunn nach Süden, vorbei an Einkaufszentren, Gebrauchtwagenhändlern, Wohnblocks und dem Augsburger Standort von Premium Aerotec, dem ehemaligen EADS-Werk. Sehr romantisch wirkt die Ausfallstraße nicht – wären da nicht hin und wieder Schilder, die sogar auf Japanisch darauf hinweisen, dass hier die Romantische Straße verläuft, würden wir darauf wetten, uns verfahren zu haben.

Landsberg am Lech beeindruckt mit seiner pittoresken Altstadt. Auch mit dem Oldtimerbus lässt sich die Romantische Straße erkunden.

Dieser Eindruck legt sich aber schon kurz nach Königsbrunn, einer quirligen 30 000-Einwohner-Stadt, die einst als »längstes Straßendorf« Deutschlands bezeichnet wurde. Königsbrunn liegt auf dem Lechfeld. Hier fand der Legende nach im Jahr 955 die Schlacht auf dem Lechfeld statt, bei der die Ungarn endgültig besiegt wurden.

Der Lechfall bei Füssen: Hier befindet sich die einzige noch im Naturzustand erhaltene Schlucht im bayerischen Alpenraum.

Wir passieren den Ort auf der Hauptstraße, bleiben schnurgerade auf der alten B 17 und folgen weiter den Schildern Richtung Landsberg/Füssen. Nach wenigen Kilometern befinden wir uns auf der neuen B 17 nach Landsberg, die als zweispurige Schnellstraße gut ausgebaut ist und uns über Kleinaitingen, Klosterlechfeld und Lagerlechfeld – hier hat die Bundeswehr einen Fliegerstützpunkt – schnell nach Landsberg am Lech bringt.

In Landsberg steuern wir den Wagen in die historische Innenstadt und finden dort sogar recht schnell einen Parkplatz. Da Landsberg im Zweiten Weltkrieg nicht zerstört wurde, ist die historische Altstadt komplett erhalten; lediglich ein Haus wurde durch eine zufällig abgeworfene Bombe zerstört, das aber in 1980er-Jahren historisch korrekt wieder aufgebaut wurde.

Unsere Sightseeingtour beginnt am dreiecksförmigen Hauptplatz mit dem Marienbrunnen, der um 1700 entstand. Das Alte Rathaus im Westen des Platzes beeindruckt mit seiner prachtvollen Rokokofassade, nordöstlich wird der Platz vom Schmalzturm, einem Stadtturm aus dem 13. Jahrhundert, begrenzt. Vom Schmalzturm aus führt die Alte Bergstraße hinauf ans Hochufer des Lechs; linker Hand befindet sich das Hexenviertel mit seinen romantischen Häuserzeilen, und auf dem Berg selbst steht die Heilig-Kreuz-Kirche. Hier ist auch das Neue Stadtmuseum in den Gebäuden des früheren Jesuiten-Gymnasiums untergebracht.

Wir schlendern links in Richtung Lech und genießen von der Lechbrücke das beeindruckende Panorama des Lechwehrs, bevor wir an die andere Flussseite wechseln. Dort spazieren wir nach rechts auf der St.-Laurent-du-Var-Promenade, einem schmalen Weg durch das parkähnliche Lechufer, bis zum Mutterturm. Dieser wurde Ende des 19. Jahrhunderts von Sir Hubert Herkomer im Stil einer mittelalterlichen Burg errichtet. Heute wird der Turm hauptsächlich für Trauungen und als romantisches Fotomotiv genutzt.

Rechte Seite oben: Das Rathaus mit dem prunkvollen, perfekt restaurierten Goldenen Saal gehört zum Pflichtprogramm für Augsburg-Besucher.

Hubert Herkomer war nicht nur Künstler, Maler, Musiker und Schauspieler, sondern auch begeisterter Automobilist und gehörte zu den Pionieren des Automobilsports in Deutschland. Auf seine Anregung hin wurden 1905–1907 die »Herkomer-Konkurrenzen« als Zuverlässigkeitsfahrten ausgetragen. 1997 wurde zum 90-jährigen Jubiläum dieser Veranstaltung im Raum Lands-

Landsberg am Lech ist alle zwei Jahre Start und Ziel der Herkomer-Ausfahrt für Vorkriegs-Oldtimer.

berg erneut eine »Herkomer-Konkurrenz« als Oldtimerrallye für Fahrzeuge bis 1930 ausgeschrieben, die seitdem im Zweijahres-Rhythmus stattfindet.
Wir folgen dem Lech weiter etwa 600 Meter bis zum Lechsteg, auf dem wir den Fluss überqueren und wieder in die Altstadt gelangen.
Nun wieder im Auto sitzend, verlassen wir Landsberg über die Neue Bergstraße, queren den Lech und fahren auf der Katharinenstraße bis zur Kreuzung am Danziger Platz; hier geht es links auf der Schongauer Straße zur B 17. An der Ausfahrt Unterdießen verlassen wir die auf diesem Teilstück bis nach Schongau so gar nicht Romantische Bundesstraße und fahren lieber über einige kleine, wenig befahrene Straßen durch die schöne Voralpenlandschaft.

Nach etwa drei Kilometern erreichen wir Unterdießen und biegen im Ort links auf die Lechbergstraße Richtung Markt Leeder ab. Fünf Kilometer sind es bis zu diesem Ort, und vom Cabrio aus bietet sich ein herrlicher Fernblick über die Felder auf die sanften, bewaldeten Voralpen. Bei Markt Leeder, einem sehr hübschen Dorf mit viel Grün, begegnen wir erneut der Via Claudia Augusta: Der Verlauf der ehemaligen römischen Handelsstraße ist beschildert und als Fahrradweg ausgebaut.

Wir bleiben noch ein paar Kilometer auf der LL 16 und biegen dann bei Denklingen rechts auf die Hauptstraße (LL 17) ab, die sich bis Schwabsoien gut zehn Kilometer durch die liebliche Voralpenlandschaft schlängelt, vorbei an Waldstücken und einem kleinen Waldsee.

Gleich hinter Denklingen machen wir einen kurzen Stopp an einer kleinen Kapelle, die sich rechter Hand an den Waldrand schmiegt. Hier finden wir auch ein in liebevoller Laubsägearbeit gefertigtes Schild, das auf einen Walderlebnispfad hinweist. Wir entscheiden uns jedoch gegen eine Wanderpause und fahren weiter durch Wald und Felder, vorbei am Dienhauser Weiher; die LL 17 heißt nun Weihertalstraße.

In Schwabsoien biegen wir nach links auf die St 2014, die Schwabsoiener Straße, ab und folgen ihr über Altenstadt nach Schongau.

Altenstadt hat eine interessante Geschichte und eine sehenswerte romanische Basilika. Altenstadt ist nämlich das frühere Schongau: Ein großer Teil der Bevölkerung verließ im 13. Jahrhundert den Ort, um wenige Ki-

Essen & Trinken

- **Restaurant August**, Johannes-Haag-Straße 14, 86153 Augsburg, Tel. 0821/35279: Augsburgs einziges Zweisterne-Restaurant. Der Guide Michelin bezeichnet die Küche als »gewagt, innovativ und eigenwillig« und lobt sowohl das Ambiente wie die Qualität aufs Höchste. Mittwoch bis Samstag kreiert der Meister seine Menüs, für die man pro Person mindestens 100 Euro kalkulieren sollte – teuer, aber, glaubt man den Kritikern, jeden Euro wert.
- **Nikos Tavernaki**, Hunoldsgraben 39, 86150 Augsburg, Tel. 0821/349 43 94: Der kleine, meist völlig überfüllte Szene-Grieche mitten in der historischen Altstadt bietet sehr gute und absolut bezahlbare Küche. Seine Spezialität sind griechische Vorspeisen, die in kleinen Schalen ab je 1,50 Euro serviert werden. Urig, gemütlich und geschmacklich top!
- **Ristorante Garibaldi**, Christophstr. 49, 86956 Schongau, Tel. 08861/909 96 40, www.restaurant-garibaldi-schongau.de: Gemütlicher Italiener mitten in der Altstadt mit schönem Biergarten und typisch italienischer Karte.
- **Restaurant Aquila**, Am Brotmarkt 9, 87629 Füssen, Tel. 08362/62 53, www.aquila-fuessen.de: Mitten im Herz der Altstadt gelegen, bietet das Aquila regionale und mediterrane Küche.

lometer entfernt am Lech das neue Schongau zu gründen – der neue Standort war näher am Fluss und besser gegen Feinde zu verteidigen. Die alte Heimat wurde schlicht »Altenstadt« genannt, ein Name, der bis heute blieb.

Die Basilika St. Michael wurde zwischen 1180 und 1120 errichtet und ist bis heute nahezu vollständig erhalten bzw. wurde restauriert. Die 40 Meter lange und fast 14 Meter hohe Basilika mit ihren zwei Türmen ist der einzige durchgewölbte Sakralbau der Spätromanik in Bayern. Das wichtigste Kunstwerk der Basilika ist der Große Gott von Altenstadt, eine über drei Meter hohe Statue von Christus am Kreuz, die Anfang des 13. Jahrhunderts entstand. Aus der Gründerzeit der Basilika sind noch einige Fresken sowie der originale Taufstein erhalten.

Nach einem kurzen Blick in die Basilika nehmen wir die letzten fünf Kilometer bis nach Schongau unter die Räder. Schongau gilt als das »Tor zum Pfaffenwinkel«, wie die Region zwischen Lech und Loisach im Landkreis Weilheim-Schongau bezeichnet wird. Der Begriff entstand im 18. Jahrhundert und bezieht sich auf die zahlreichen Kirchen und Klöster in dieser Region, denn »Pfaff« ist die alte bayerische Bezeichnung für Pfarrer.

Wir suchen uns einen Parkplatz in der Nähe des Marienplatzes und beginnen unseren Rundgang durch die Altstadt, die in ihrer Gesamtheit unter Denkmalschutz steht. Die alte Stadtmauer, die Befestigungsanlagen, einige Türme und zwei der ursprünglich fünf Tore sind weitgehend erhalten geblieben und bieten sich an für einen ausgiebigen Ausflug in die Vergangenheit, entweder individuell oder mit einer der verschiedenen Stadtführungen, die vom Tourismusbüro angeboten werden. Gleich am Marienplatz bestaunen wir das Ballenhaus, ein um 1420 gebautes Ge-

Das gotische »Hohe Schloss« in Füssen tront über der Altstadt und gilt als eine der am besten erhaltenen Burganlagen Bayerns.

Allgäuidylle: Blick auf den Hergratsrieder See bei Halblech, zwischen Steingaden und Schwangau

bäude, in dem die Kaufleute der Stadt ihre Handelsware lagern konnten. Heute befinden sich im Erdgeschoss eine Gaststätte und im ersten Stock ein Veranstaltungssaal.
Vom Marienplatz aus erkunden wir die Altstadt und suchen dabei ein gemütliches Restaurant für die Mittagspause – nur 250 Meter zu Fuß vom Marienplatz werden wir in der Christophstr. 49 fündig: Das Garibaldi, ein italienisches Restaurant mitten in der Altstadt, macht einen sehr gemütlichen Eindruck, und auch die Speisekarte lädt zum Verweilen ein. Wir suchen uns einen Tisch im geschützten Innenhof des historischen Gebäudes und lassen uns eine wirklich gute Pizza und einen frischen Salat dazu schmecken. Auf Wein verzichten wir – noch liegen schließlich einige Cabrio-Kilometer vor uns.
Vom Schongauer Marienplatz fahren wir ein paar Hundert Meter die Münzstraße hinauf und biegen dann rechts in die Bahnhofstraße ein, die uns erst über die Lechbrücke und dann aus dem Ort hinaus direkt nach Peiting führt.
Dort folgen wir der B 23, die sich knapp zehn Kilometer in Richtung Rottenbuch durch das Ammertal schlängelt. Links und rechts erfreuen Felder das Auge, unterbrochen von Weilern und Waldstücken. Die Straße ist gut ausgebaut, aber der Verkehr hält sich in Grenzen – wir kommen also entspannt voran.
Auch in Rottenbuch könnten wir ein historisches Kloster – das im Jahr 1073 vom bayerischen Herzog Welf IV. gegründete Augustiner-Chorherrenstift – besichtigen, doch uns zieht es weiter

die B 23 entlang zur Ammerschlucht an der Echelsbacher Brücke. Links von der B 23, allerdings im Wald verborgen, folgt die Ammer dem Straßenverlauf. Vor der Echelsbacher Brücke biegen wir rechts ab auf die St 2059, die hier Steingadener Straße heißt. Sie bringt uns am Schwaigsee vorbei nach Wildsteig, einem kleinen Ort, der nur einen Katzensprung von der berühmten Wieskirche entfernt ist. Der komplette Name der 1983 zum UNESCO-Welterbe erklärten Wieskirche lautet: »Wallfahrtskirche zum Gegeißelten Heiland auf der Wiese«. Obwohl die Kirche fast immer von unzähligen Touristen und Wallfahrern stark bevölkert ist, lohnt sich der Besuch allein schon wegen des wirklich atemberaubenden Barock-Kirchenschiffs mit der großen, reich geschmückten Orgel. Die »Wies« wurde 1985 aufwendig restauriert.

Weiter geht's die gut ausgebaute B 23 entlang Richtung Steingaden; die Landschaft wird mit jedem Kilometer, den wir fahren, waldreicher und die Straßen werden leerer. Es macht richtig Spaß, den Wagen auf der fast schnurgeraden Staatsstraße etwas zügiger zu bewegen, zumal auch das Überholen der wenigen Fahrzeuge problemlos möglich ist.

Die Romantische Straße

Die romantische Straße ist die älteste deutsche Ferienstraße überhaupt. Sie wurde 1950 ins Leben gerufen, um nach dem Zweiten Weltkrieg Deutschland wieder als attraktives und kulturell bedeutendes Reiseland zu präsentieren. Die insgesamt 413 Kilometer lange Ferienstraße verläuft von Würzburg in Unterfranken nach Füssen im Allgäu. Neben der für den Autoverkehr konzipierten Route gibt es auch einen Radfernweg, der auf Nebenstraßen und Radwegen verläuft, sowie seit 2006 auch einen Fernwanderweg.

Das Highlight der Gemeinde Steingaden, einem staatlich anerkannten Erholungsort an der Grenze zwischen Oberbayern und dem Allgäu, ist das Welfenmünster, eine ehemalige Prämonstratenser-Klosterkirche. Das Kloster wurde 1147 durch Welf VI. gegründet, die romanischen Ursprünge der Kirche sind auch heute noch unter den im Lauf der Jahrhunderte erfolgten Änderungen und Ergänzungen am Bauwerk erkennbar. Der Innenraum der Kirche ist 51 Meter lang und das Mittelschiff beeindruckende 15 Meter hoch – es ist immer wieder faszinierend, welches Wissen und Können die Baumeister vor 1000 Jahren bereits besessen haben müssen, um solch beeindruckende Bauwerke zu schaffen. Wir halten uns in Steingaden nur kurz auf, denn allmählich nähern wir uns dem Ziel unserer heutigen Tour: Füssen. Hinter Steingaden fahren wir weiter auf der B 17 Richtung Süden. Wir passieren den Ort Halblech, wo uns an der Hauptstraße ein paar Bauernhäuser mit schöner Lüftlmalerei auffallen.

Kurz danach lädt uns rechts von der Bundesstraße der Bannwaldsee zu einer schnellen Fotopause ein, denn der Blick vom See auf die Alpen ist wirklich bemerkenswert – zumal wir Glück mit dem Wetter haben und nur wenige Wolken den Sommerhimmel bayerisch weiß-blau einfärben. Der Bannwaldsee ist nur etwa einen Kilometer vom Forggensee entfernt, an dem Schwangau und Füssen liegen. Beide Städte sind ideale Ausgangspunkte für Ausflüge zu den berühmten Königsschlössern Hohenschwangau und Neuschwanstein, bieten aber selbst genug Anlass für ausgedehnte Sightseeing-Touren.

So hat auch Schwangau eine lange Geschichte: Einige Werkzeugfunde am Bannwaldsee lassen vermuten, dass die Region bereits in der mittleren Steinzeit besiedelt wurde. Schwangau lag auch an der altrömischen Via Claudia Augusta, und aus dieser Zeit ist u. a. ein Badehaus aus dem 2. Jahrhundert erhalten geblieben. Die erste urkundliche Erwähnung von Schwangau erfolgte im Jahr 1090. Die Erwähnung bezog sich auf die Doppelburg Vorder- und Hinterschwangau, die auf dem Felsen stand, auf dem ab 1869 Schloss Neuschwanstein im Auftrag von König Ludwig II. erbaut wurde.

Als heilklimatischer Kurort bietet Schwangau natürlich eine Reihe attraktiver Hotels und viele Wellnessangebote wie die Königliche Kristall-Therme, die Thermen-, Sauna- und Massagen-Genuss mit direktem Blick auf die Königsschlösser verspricht.

Füssen wiederum hat eine längere Pause verdient. Die Wurzeln der Stadt reichen bis in die Römerzeit zurück; der Ort entwickelte sich an der am Lech entlangführenden Römerstraße Via Claudia Augusta. Heute ist Füssen ein Tourismuszentrum für die in unmittelbarer Nähe befindlichen Königsschlösser Neuschwanstein und Hohenschwangau (s. dazu Tour 1) und ein wichtiger Kreuzungspunkt verschiedener Ferienstraßen: Es liegt an der Schwäbischen Bäderstraße, und die Romantische Straße endet hier und kreuzt die

Unterkunft

Wellness-Hotel Sommer, Weidachstr. 74, 87629 Füssen, Tel. 08362/91 47-0, www.hotel-sommer.de: Das Hotel bietet Komfort, viele Wellnessangebote und einen grandiosen Blick auf die Alpen.

Deutschen Alpenstraße. Sehenswert sind in Füssen das direkt am Forggensee gelegene Festspielhaus Neuschwanstein, das Hohe Schloss mit einer Filiale der Bayerischen Staatsgemäldesammlung sowie der Städtischen Gemäldesammlung und seiner bemerkenswerten Architektur; das ehemalige Benediktinerkloster St. Mang sowie die Frauenkirche am Berg. Auch die Altstadt mit ihrem fast italienischen Flair lädt zum Bummeln und Verweilen in einem der Cafés oder Restaurants ein.

Ein großartiges Naturschauspiel ist der Lechfall von Füssen, den man erreicht, wenn man auf der B 17 ein

paar Meter Richtung Österreich fährt. Etwa 700 Meter vor der Grenze gibt es Parkplätze, von denen aus man den Lechfall schon sieht. Über fünf steinerne Stufen stürzen die Wassermassen des Lechs etwa zwölf Meter in die Tiefe. Auf einer schmalen Fußgängerbrücke steht man direkt über der Lechschlucht, der einzigen noch im Naturzustand erhaltenen Schlucht im bayerischen Alpenraum. Beim Blick Richtung Füssen sieht man die tief eingeschnittene Klamm, die der Fluss in Millionen von Jahren durch die Felsen getrieben hat, in der anderen Richtung fließt der Fluss durch die verschlafenen Lechauen, die man auf ausgeschilderten Wanderwegen problemlos erkunden kann.

Schloss Hohenschwangau war die Kinderstube des legendären König Ludwig II., dem wir auch das nahe gelegene Schloss Neuschwanstein verdanken.

Ganz oben: Das im 12. Jahrhundert gegründete Welfenmünster gehört zu den wichtigsten Sehenswürdigkeiten der Gemeinde Steingaden.

9 Die große Chiemsee-Runde

Von Wasserburg nach Traunstein

Etappen
Wasserburg–Amerang: 12 km; Amerang–Obing: 9 km; Obing–Seeon: 7,5 km; Seeon–Seebruck: 6 km; Seebruck–Gstadt: 2 km; Gstadt–Breitbrunn: 2 km; Breitbrunn–Rimsting: 7 km; Rimsting–Prien: 3,5 km; Prien–Bernau: 6,5 km; Bernau–Grassau: 7,5 km; Grassau–Übersee: 7 km; Übersee–Grabenstätt: 7 km; Grabenstätt–Chieming: 6,5 km; Chieming–Traunstein: 10,5 km; Gesamtstrecke: 94 km

Anreise
Wasserburg liegt etwa 55 km östlich der bayerischen Landeshauptstadt München, am Kreuzungspunkt von B 304 und B 15, und ist von München aus über die B 304 gut erreichbar.

Information
Chiemgau Tourismus e. V.,
Haslacher Str. 30,
83278 Traunstein,
Tel. 0861/9095 90-0,
www.chiemgau-tourismus.de

Der Chiemsee, das »Bayerische Meer«, ist eines der beliebtesten Ausflugs- und Sommerfrischeziele der Münchner. Aber auch eine längere Anreise lohnt sich, denn rund um den See gibt es herrliche Straßen zum Cabrio-Cruisen und romantische Orte zum Entdecken.

Wir beginnen unseren Ausflug in Wasserburg. Das gehört zwar geografisch noch nicht zum Chiemgau, bietet sich aber als Ausgangspunkt schon deshalb an, weil die Stadt am Inn nicht nur über die Bundesstraßen 15 und 304 gut erreichbar ist, sondern auch schon allein einen Besuch wert ist.
Die Altstadt liegt fast komplett auf einer Halbinsel des Inns und ist nur über eine schmale Landenge erreichbar. Wir sind bereits am Vorabend angereist, um mehr Zeit für die zauberhafte Altstadt zu haben. Das Hotel Fletzinger liegt mitten in der Altstadt,

Mit dem offenen Mini-Cabrio das Chiemgau erfahren: So macht Sommerfrische richtig Spaß!

keine 100 Meter vom Innbogen entfernt in der Fletzingergasse 3, und bietet angenehme Zimmer zu akzeptablen Preisen. An der Rezeption empfiehlt man uns für ein kulinarisches Abendessen das Restaurant Herrenhaus, nur wenige Gehminuten vom Hotel entfernt in der Herrengasse. Vor der Einkehr flanieren wir aber noch ein wenig durch die Altstadt mit ihren schmalen Gassen, den einladenden Straßencafés und den oft bunt bemalten historischen Häusern, bevor wir uns an den stilvoll eingedeckten Tisch im Herrenhaus niederlassen. Das folgende Dreigänge-Menü ist köstlich, die Lammkeule butterzart, die Weine ausnehmend lecker und der Service so, wie er sein soll. Zufrieden fallen wir etwas später ins Bett und freuen uns auf den nächsten Tag.

Den beginnen wir gut ausgeschlafen und mit einem üppigen Frühstück im Hotel, bevor wir über den Marienplatz zum Inn laufen. Der Marienplatz wird bei unserem Besuch beherrscht von einem riesigen Kreisel aus Stahl – eines der Kunstwerke, das im Rahmen der jährlichen Großen Kunstausstellung präsentiert wurde. Traditionell wird jedes Jahr ein anderes Exponat für einige Zeit auf dem Marienplatz ausgestellt.

Am Innbogen geht es weiter mit einer ungewöhnlichen Kombination aus Kunst und Natur: Am gesamten Inndamm entlang begleiten 30 Kunstwerke unterschiedlichster Künstler und Kunstrichtungen den Spaziergänger auf dem Skulpturenweg. Und es ist wirklich romantisch: zur Linken der Inn und das gegenüberliegende, bewaldete Flussufer, rechter Hand der an vielen Stellen üppig bewachsene Inndamm, der die Stadt vor Hochwasser schützen soll.

Wir lassen uns Zeit, genießen die Natur und das schöne Wetter, bevor wir über die Untere Innstraße und die Schlachthausstraße wieder zum Hotel schlendern. Dort wartet unser Cabrio auf die Weiterfahrt.

Heute haben wir nur etwa 100 genussvolle Kilometer rund um den Chiemsee vor uns. Wir verlassen die Stadt durch das Bruck-

Kunst zum Anfassen: Auf dem Wasserburger Marienplatz wird jedes Jahr im Rahmen der Großen Kunstaustellung ein anderes Kunstwerk präsentiert.

tor über die Innbrücke. Am anderen Innufer bleiben wir noch kurz stehen, um das beeindruckende historische Stadtbild entlang des Inn zu bewundern. Direkt nach der Innüberquerung folgen wir dann der Rosenheimer Straße und biegen nach einem knappen Kilometer an einem Kreisverkehr links ab auf die St 2092 in Richtung Seebruck am Chiemsee. Unser erstes Tageziel ist das nur zwölf Kilometer entfernte Amerang, das einzige Dorf Bayerns mit gleich drei Museen.

Das Bauernhofmuseum Amerang zeigt, wie die Menschen in dieser Region in den vergangenen Jahrhunderten lebten und arbeiteten; auf 40 000 Quadratmetern können hier 16 Bauernhöfe aus der Zeit von 1525–1925 besichtigt werden.

Das zweite Museum befindet sich auf Schloss Amerang, dessen Innenhof mit seinen dreistöckigen Arkadengängen zu den ältesten Renaissancebauten Bayerns gehört und in den Sommermonaten für neugierige Besucher teilweise offen steht.

Die – zumindest für Autofans – größte Attraktion ist jedoch das EFA-Automobilmuseum, das auf 6000 Quadratmetern Ausstellungsfläche über 220 Klassiker deutscher Automobilhersteller der letzten 100 Jahre präsentiert. Hier machen wir eine etwas längere Pause für einen Rundgang und nehmen uns eine gute Stunde Zeit, um wenigstens einen Teil der Sammlung besichtigen zu können. Vom Benz-Motorwagen aus dem Jahr 1885 bis zu den Rennwagenlegenden der 1980er-Jahre reicht die Palette der ausgestellten Fahrzeuge. Besonders die vielen Fahrzeuge aus der Messingära vor dem Ersten Weltkrieg sind beeindruckend und Firmennamen wie NAG oder Presto meist völlig unbekannt. Ein weiteres Highlight im EFA-Museum ist die weltgrößte Modelleisenbahn der Spur II: mit über 650 Metern Gleisen auf einer 500 Quadratmeter großen Anlage. Wir notieren uns gedanklich, zu einem späteren Zeitpunkt einmal wiederzukommen und dann noch etwas mehr Zeit mitzubringen. Da wir jedoch unsere Mittagspause am Chiemseeufer machen möchten, sitzen wir bald

Wasserburg

Geschichte und Geschichten rund um die alte Handelsstadt Wasserburg werden in den verschiedenen Stadt- und Themenführungen unterhaltsam dargestellt und machen den Wasserburg-Besuch zu einem besonderen Erlebnis (Infos unter Tel. 08071/105-22, www.wasserburg.de).

Smartphone-Besitzer (iPhone, Android) finden in ihren App-Stores einen kostenfreien Wasserburg-Reiseführer der CityGuide AG.

wieder im Mini, um auf der Kreisstraße TS 8 bis nach Obing zu fahren. Im Ort biegen wir rechts ab auf die St 2094, die uns fast schnurgerade durch Waldstücke und vorbei an Feldern nach Seeon am Klostersee bringt.

Seeon gehört seit 1980 zur direkt am See gelegenen Gemeinde Seebruck. Sehenswert ist im Ort das im Jahr 994 gegründete Benediktinerkloster. Das heute noch existierende Gebäude entstand Ende des 12. Jahrhunderts, wurde im Lauf der Zeit mehrmals ergänzt und umgebaut und zum Ende der Säkularisation im Jahr 1803 in ein Schloss umgewandelt.

Nun haben wir noch sechs Kilometer bzw. 10 Fahrminuten vor uns, bis wir Seebruck erreichen und direkt am Seeufer im Gasthof Kupferschmiede die wohlverdiente Mittagsrast einlegen. Ich bin gespannt auf den Gasthof, den ich von einem kurzen Intermezzo als Schüler auf dem Gymnasium Schloss Ising Mitte der 1970er-Jahre noch kenne. Und wirklich, außer den Preisen auf der Speisekarte hat sich hier fast nichts verändert. Wir setzen uns in den rustikalen Biergarten, bestellen einen deftigen Schweinsbraten mit Knödeln und Speckkrautsalat und genießen den Blick auf den See. Es zieht langsam zu, aber die Wolken bleiben hell, und das Cabriodach kann geöffnet bleiben.

Bis zur Gemeinde Gstadt fahren wir direkt am See, vorbei an Bootshäusern, Privatgrundstücken und einem Campingplatz. Kurz vor dem Ortseingang von Gstadt sehen wir links auf dem See die Insel Frauenchiemsee. Der Blick auf die bewaldete Insel mit dem Ausflugsdampfer davor und den Alpen im Hintergrund ist großartig und könnte auch als Motiv für eine Kitschpostkarte dienen. Die etwa 800 Meter vor dem Seeufer gelegene Insel ist ganzjährig in etwa 10 Minuten mit dem Schiff von Gstadt aus erreich-

Museen für jeden Geschmack

- **Bauernhausmuseum Amerang:** Freiluftmuseum mit historischen Gebäuden aus der Zeit von 1525–1925. Im Museumstüberl gibt es regionale Küche und Getränke, im Museumsladen Heimatwerk kann man Andenken sowie Leder-, Schmiede- und Hafnerwaren aus der Region erwerben. Hopfgarten 2, Tel. 08075/915 09-0, www.bhm-amerang.de
- **EFA-Museum für deutsche Automobilgeschichte:** Über 200 Exponate aus 100 Jahren Automobilentwicklung werden hier präsentiert. Wasserburger Str. 38, 83123 Amerang, Tel. 08075/81 41, www.efa-museum.de
- **Schloss Amerang:** Einige Innenräume des denkmalgeschützten Anwesens können mittels Führungen besichtigt werden. Außerdem finden hier Konzerte und Ritterfeste statt, und auch ein Hotel ist im Schloss untergebracht. Museumsführungen können unter Tel. 0176/93 16 66 05 angefragt werden; weitere Infos gibt's unter Tel. 08075/91 92-33 oder unter www.schlossamerang.de

bar. Viele Besucher zieht es auch wegen des dort gelegenen Klosters Frauenwörth auf die Insel.

Auf der Höhe von Breitbrunn, etwa zwei Kilometer landeinwärts hinter Gstadt, liegt Herrenchiemsee, die größte der drei Inseln auf dem drittgrößten See Deutschlands. Das Highlight dort ist das Neue Schloss Herrenchiemsee, das vom Märchenkönig Ludwig II. als verkleinerte Kopie von Schloss Versailles erbaut wurde.

Leider führt die Straße ab Gstadt nicht mehr direkt am See entlang, sondern einige Hundert Meter davon entfernt. Dennoch bleiben der See und die Insel Herrenchiemsee immer in Sichtweite, bis wir erst Breitbrunn und dann Rimsting erreichen. Hier wurde 1881 für den bayerischen König Ludwig II. ein Bahnhof errichtet, sodass der »Kini« von dort aus Schloss Herrenchiemsee besuchen konnte. Seit 1991 ist der denkmalgeschützte Bahnhof stillgelegt und dient nun als Kulturbegegnungsstätte.

Das Wirtshaus Kupferschmiede in Seebruck lädt zur urigen Pause am Seeufer.

Oben: Auch am Innufer in Wasserburg kann man beim Spaziergang entlang des Skulpturenwegs eine große Anzahl an Kunstwerken bewundern.

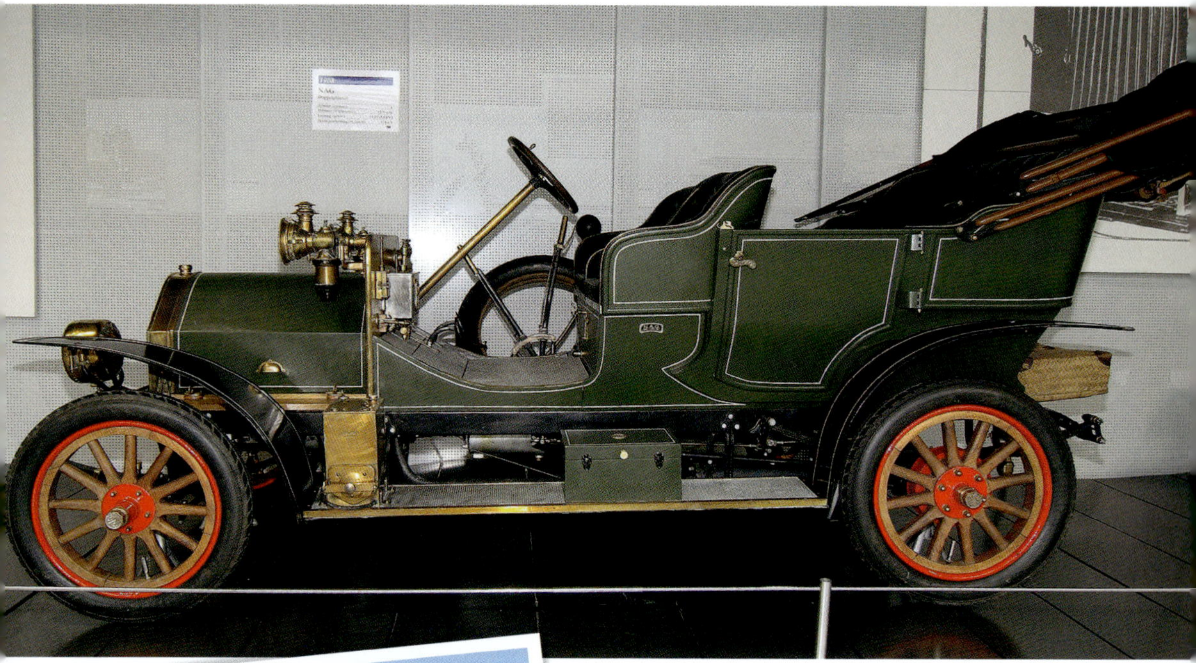

Eine der ältesten Renaissancebauten Bayerns: Schloss Amerang

Oben: Dieser NAG-Tourer von 1908 ist eines der ältesten Fahrzeuge im Ameranger EFA-Museum für Automobilgeschichte.

Von Rimsting aus sind es nur noch 5 Autominuten bis nach Prien. Der Luft- und Kneippkurort liegt direkt am Chiemsee und ist seit Ende des vorletzten Jahrhunderts ein beliebtes Ziel für Sommerfrischler – entsprechend viele hübsche und meist sehr gut erhaltene Bürgerhäuser aus dem 19. Jahrhundert säumen die Straßen.

Wir parken vor dem Schiffsanleger der Chiemsee-Schifffahrt und machen einen kurzen Spaziergang auf der Uferpromenade. Direkt gegenüber sehen wir Herrenchiemsee, das von hier aus in wenigen Minuten per Schiff zu erreichen ist. Wir haben viel Zeit und gönnen uns daher anschließend noch eine Fahrt mit der Chiemseebahn, die mit einem historischen Dampf-Triebwagen auf der Fahrt vom Bahnhof zum Priener Hafen alte Zeiten aufleben lässt. Das Abteil mit seiner plüschigen Einrichtung ist mehr Salon als Eisenbahnwaggon, und der kleine Triebwagen mit seinen grün gestrichenen, uralten Waggons dahinter erinnert mehr an eine alte Trambahn, faucht und qualmt aber wie die Lok von Jim Knopf und Lukas aus der Augsburger Puppenkiste.

Mit etwas Dampflok-Ruß im Haar geht es auf der Priener Straße weiter in Richtung Bernau; dabei queren wir die Autobahn A 8. Das Zentrum des Luftkurorts Bernau liegt etwas abseits des Chiemsees; am zur Gemeinde gehörenden Chiemseeufer warten ein Strandbad, Bootsverleihe sowie ein Anlegepunkt der Chiemsee-Schifffahrt auf Besucher. Östlich von Bernau erstreckt sich eine Moorlandschaft, in der früher Torf abgebaut wurde. Erst 1988 wurde der Torfabbau – und damit die Zerstörung der Moorlandschaft – nach langen Kämpfen von Anwohnern und Umweltinitiativen eingestellt und die als Kendlmühlfilzn bekannte Landschaft renaturiert, soweit dies möglich war. In Bernau müssen wir uns entscheiden, ob wir direkt am Chiemsee und schnell in Richtung Grabenstätt fahren oder doch lieber auf der Landstraße bleiben, die allerdings einige Kilometer vom See entfernt unterhalb der Moorlandschaft nach Grassau führt.

Wir entscheiden uns für die etwas längere Route auf der gut ausgebauten B 305 Richtung Grassau. Statt LKW auf der A 8 zu überholen, lassen wir während der Fahrt unsere Blicke entspannt nach links über die Moorlandschaft und nach rechts über Felder, Wiesen und Wälder schweifen. Es ist wenig los auf der Bundesstraße, wir kommen also gut voran.

In Grassau lädt das Museum Salz & Moor alle an Technik und der Geschichte der Region Interessierte zu einem Besuch ein. Das auch als Klaushäusl bekannte Museum (1995 eröffnet) ist die einzige vollständig erhaltene und weitgehend wiederhergestellte Pumpstation der historischen Soleleitung nach Rosenheim, mit der 1810–1958 Salzwasser von den Solequellen in Reichenhall und Berch-

Inselhopping oder doch lieber Bahnfahren?

- **Frauenchiemsee:** Erreichbar mit dem Schiff von Gstadt in 10 und von Prien aus in 30 Min. Die Insel mit dem Kloster Frauenwörth ist ein beliebtes Ausflugsziel, besonders sehenswert ist die karolingische Torhalle aus der Frühzeit des Klosters. Infos unter www.frauenwoerth.de
- **Herrenchiemsee:** Die größte Insel auf dem Chiemsee zieht mit dem von König Ludwig II. erbauten Schloss Herrenchiemsee viele Besucher an. Die prachtvolle Anlage ist eine verkleinerte Kopie von Versailles. Infos bei der Gemeinde Chiemsee, Tel. 08054/39-0, www.chiemsee-inseln.de
- **Chiemseebahn:** Eine knapp 2 km lange Schmalspurbahn, die den Priener Bahnhof mit dem Schiffsanleger verbindet. Es werden regelmäßig Fahrten mit dem historischen Dampf-Triebwagen angeboten.
- **Chiemsee-Schifffahrt:** U. a. von den Häfen in Prien und Gstadt fahren die Schiffe regelmäßig nach Frauen- und Herrenchiemsee. Es werden auch Rundfahrten auf dem See angeboten. Chiemsee-Schifffahrt, Seestr. 108, 83209 Prien, Tel. 08051/609-0, www.chiemsee-schifffahrt.de

Rechte Seite: Das Benediktinerkloster in Seeon wurde vor über 1000 Jahren begründet, die heute noch existierende Klosterkirche stammt aus dem Jahr 1180.

tesgaden zur Salzherstellung nach Rosenheim befördert wurde. Das Herz des Brunnhauses ist die originale Solehebemaschine, die als einziges Exemplar ihrer Art in der originalen Umgebung zu sehen ist.

Jetzt sind es nur noch sieben Kilometer bis nach Übersee – und nein, wir reden nicht von fernen Ländern, sondern von der kleinen Gemeinde am Chiemsee, die durch einen überregional bekannten Trachtenmode-Hersteller und durch das alljährlich hier stattfindende Chiemsee-Reggae-Festival bekannt ist.

Weniger bekannt, aber absolut sehenswert ist der südlich von Übersee gelegene Weiler Westerbuchberg, in dem eine der ältesten Kirchen des südlichen Chiemgaus steht. Die katholische Filialkirche St. Peter und Paul entstand um 1200 als romanische Kirche und wurde nach 1400 im gotischen Stil umgebaut; sie zeichnet sich vor allem durch alte Fresken aus dem 15. und 16. Jahrhundert aus.

Auf die Anprobe einer original Chiemseer Tracht bei besagtem Trachtenmode-Hersteller verzichten wir und nähern uns allmählich wieder dem Chiemsee. Kurz hinter Übersee kreuzen wir erneut die Autobahn und fahren dann weiter auf der St 2096 an Grabenstätt vorbei und geradewegs auf den Chiemsee zu. Links von der Straße befindet sich das unter Naturschutz stehende Mündungsdelta der Tiroler Ache.

Museum Salz & Moor Klaushäusl

Die einzige vollständig erhaltene und in ihrer Inneneinrichtung weitgehend wiederhergestellte Pumpstation an der historischen Soleleitung nach Rosenheim – die Solehebemaschine und die Wassersäulenmaschine demonstrieren den Stand der Technik zu Beginn des 19. Jh. Marktstr. 1, 83224 Grassau, Tel. 08641/40 08 18, www.grassau.de

Kurz vor dem See biegen wir links ab in eine kleine namenlose Straße, die uns zum direkt im Mündungsgebiet gelegenen Wirtshaus zur Hirschauer Bucht bringt, einem rustikalen und malerisch gelegenen kleinen Wirtshaus, das vor allem auf seine Gerichte mit fangfrischem Fisch stolz ist. Wir verzichten allerdings auf den Fischgenuss und wandern zum nur etwa 100 Meter entfernten Chiemseeufer, das an dieser Stelle dicht bewaldet und regelrecht verwunschen ist.

Die letzte Etappe unserer Chiemsee-Runde bringt uns über Chieming nach Traunstein. In Chieming, kurz hinter dem rechts zu erkennenden Pfeffersee, biegen wir nach rechts auf die Hauptstraße ein, die nach wenigen Hundert Metern zur Laimgruber

Straße wird. Nachdem wir den Lobach überquert haben, biegen wir am Kreisverkehr rechts ab auf die St 2096 in Richtung Traunstein, das wir nach etwa zehn Kilometern Landstraßenfahrt erreichen.

Die Große Kreisstadt Traunstein ist das Verwaltungs- und Schulzentrum des Chiemgaus und auch als Einkaufsstadt be-

Traunstein

Im **Stadt- und Spielzeugmuseum** im Brothausturm sind über 3500 Exponate von den Anfängen der Stadtgeschichte bis zur Gegenwart ausgestellt, Infos unter Tel. 0861/16 47 86, www.spielzeugmuseum-traunstein.de

Das Tourismusbüro bietet verschiedene interessante **Stadtführungen** an (Infos unter Tel. 0861/65-500, www.stadt-traunstein.de).

Rechte Seite: Herrenchiemsee ist die größte Insel im »Bayerischen Meer«. Hier hat König Ludwig II. das Schloss Herrenchiemsee als verkleinerte Kopie von Versailles errichtet. Es ist unbedingt einen Besuch wert.

kannt. Aus Richtung Westen kommend, biegen wir bei Bergen von der St 2095 links ab in die Schmidhamer Straße – wir glauben unserem Navi – und erreichen so unser Ziel, das Hotel-Gasthaus Sailerkeller in der Innenstadt. Der urige Sailerkeller wurde auf einem Eiskeller erbaut, den Mitte des 19. Jahrhunderts die Sternbrauerei zur Kühlung ihres Bieres angelegt hatte. Die Brauerei gibt es nicht mehr, aber der Gasthof und vor allem der schattige Biergarten laden auch heute noch zur zünftigen Brotzeit – und natürlich zu einem kühlen Bier.

Nachdem wir im Sailerkeller unser Zimmer, das sich als hell und freundlich erweist, bezogen haben, starten wir zu einem Stadtbummel in Richtung Stadtplatz, den wir nach ca. 800 Meter vom Sailerkeller aus über die Bahngeleise und dann die Ludwigstraße hinunter erreichen. Am Stadtmarkt steht u. a. der Brothausturm, eines von nur fünf oder sechs Gebäuden, die im Jahr 1851 ein verheerendes Feuer in der Stadt unbeschädigt überstanden. Der Turm wurde 1541 erbaut und war eines der Tore der mittelalterlichen Stadtbefestigung, von der nur noch Reste erhalten sind. Später war darin ein Wirtshaus untergebracht, und heute dient er als Museum.

Auf dem Stadtplatz, auf dem auch ein Wochenmarkt stattfindet, wurden nach dem Brand die meisten Häuser mit neuen Fassaden auf den mittelalterlichen Grundrissen erbaut. Hier steht auch der Jacklturm, mit dem es eine besondere Bewandtnis hat: Er wurde beim Stadtbrand von 1851 so stark beschädigt, dass er abgerissen wurde, weil der Wiederaufbau zu teuer gekommen wäre. Die Traunsteiner haben den Verlust dieses Wahrzeichen ihrer Stadt nie überwunden und im Jahr 1998 mit dem originalgetreuen Wiederaufbau des Jacklturms begonnen. Heute kann der Jacklturm für Feiern aller Art gemietet werden.

Essen & Trinken

- **Restaurant Herrenhaus**, Herrengasse 17, 83512 Wasserburg, Tel. 08071/597 11 70, www.restaurant-herrenhaus.de
- **Gasthof Kupferschmiede**, Trostberger Str. 1, 83339 Chieming-Arlaching, Tel. 08667/330, www.kupferschmiede-chiemsee.de: Urige Wirtschaft mit Biergarten und Seeblick in Seebruck.
- **Wirtshaus zur Hirschauer Bucht**, am Mündungsdelta der Tiroler Ache, Tel. 08661/528, www.hirschauer-bucht.de

Des Weiteren finden wir am Stadtplatz auch die barocke Pfarrkirche St. Oswald, die als Primizkirche von Kardinal Ratzinger,

dem späteren Papst Benedikt XVI., eine der beliebtesten Sehenswürdigkeiten der Stadt ist.
Um das »Herz des Chiemgaus« noch genauer kennenzulernen, bietet es sich auch an, an einer der thematisch unterschiedlich gestalteten Stadtführungen teilzunehmen, die viel über die Geschichte der Stadt vermitteln und auch einige prominente Traunsteiner, wie etwa den Schriftsteller Thomas Bernhard, vorstellen.
Das jedoch heben wir uns für den nächsten Tag auf – zum Abschluss unserer Chiemgau-Tour gönnen wir uns nun im Sailerkeller ein deftiges Abendessen und das eine oder andere kühle Bier vom Fass.

Unterkunft

- **Hotel Fletzinger Bräu**, Fletzingergasse 3, 83512 Wasserburg, Tel. 08071/90 409-0, www.fletzinger.de
- **Hotel-Gasthaus Sailerkeller**, Herzog-Wilhelm-Str. 1, 83278 Traunstein, Tel. 0861/166 67 70, www.sailerkeller.de: Gemütliches Hotel mit rustikalem Wirtshaus-Restaurant in der Altstadt.

10 Die große Allgäu-Runde

Von Lindau nach Landsberg

Etappen

Lindau–Doren: 34 km; Doren–Zwing: 4,6 km; Zwing–Hittisau: 5,5 km; Hittisau–Balderschwang: 12,5 km; Balderschwang–Riedbergpass: ca. 15 km; Riedbergpass–Rubi: ca. 10 km; Rubi–Oberstdorf: 1,5 km; Oberstdorf–Oberthalhofen: 3 km; Oberthalhofen–Sonthofen: 7 km; Sonthofen–Oberjoch: 14,5 km; Oberjoch–Bad Hindelang: 7 km; Bad Hindelang–Pfronten/Ruine Falkenstein: 40 km; Ruine Falkenstein–Füssen: 15,5 km; Füssen–Marktoberdorf: 30 km; Marktoberdorf–Kaufbeuren: 13 km; Kaufbeuren–Bad Wörishofen: 16,5 km; Bad Wörishofen–Landsberg am Lech: 28 km; Gesamtstrecke: 280 km

Anreise

Aus Stuttgart über die A 8 bis Ulm-Elchingen, dann auf der E 43 über Memmingen nach Lindau/Bregenz. Aus der Schweiz mit der Bodensee-Fähre von Romanshorn nach Lindau. Aus München führt die A 96 direkt nach Lindau..

Information

Lindau/Allgäu: Allgäu GmbH, Tel. 0831/575 37 30, www.allgaeu.info; Sonthofen: Touristinfo Sonthofen, Tel. 08321/615-291, www. sonthofen.de; Landsberg/Lech: Touristinfo, Tel. 08191/128-246, www.landsberg.de

Speziell für die Cabrio-Freunde aus dem Raum Stuttgart, der Schweiz und Österreich beginnen wir die große Allgäu-Runde am Bodensee in Lindau oder Bregenz. Sie führt uns zum größten Rolls-Royce-Museum der Welt und über den Riedbergpass und das Tannheimer Tal nach Landsberg.

Auf diese Tour freuen wir uns besonders, denn wir können sie mit einem Jaguar XKR-Cabrio unternehmen, was der Tour durch die schöne Gegend und über die tollen Straßen noch einen zusätzlichen Reiz verleiht.

Von Lindau aus fahren wir zunächst durch die Stadt in Richtung Bregenz. Der See liegt nur wenige Meter rechts von der Straße, leider aber ist er nur selten zu sehen. Kurz hinter Bregenz haben wir zwei Alternativen: Wir können uns links halten und auf die

Landstraße Richtung Doren abbiegen. Wenn Sie sich jedoch nicht nur für schöne Landschaften, sondern auch für schöne Automobile interessieren, sollten Sie den etwa zehn Kilometer langen Abstecher nach Dornbirn unter die Räder nehmen. Dort wartet nämlich das weltgrößte Rolls-Royce-Museum auf Besucher, und anschließend sollte man die grandiose Naturkulisse der Rappenlochschlucht, der größten Schlucht Mitteleuropas bestaunen.

Wir fahren also von Bregenz aus auf der Landesstraße 190 bis nach Dornbirn, biegen kurz vor der Dornbirner Ache links ab und folgen dem Flusslauf etwa fünf Kilometer, bis wir im Ortsteil Gütle links in die Beckenmannstraße biegen. Dort ist das Museum ausgeschildert und nur noch wenige hundert Meter weit entfernt.

Kunst und Kommerz

- Das **Kunsthaus Bregenz** mit einer außergewöhnlichen Architektur wurde 1997 eröffnet und zählt seitdem zu den bedeutendsten Museen Europas für zeitgenössische Kunst (u. a. mit Werken von Roy Lichtenstein und Jeff Koons). Man kann das Haus auf eigene Faust erkunden oder sich einer Führung anschließen. Karl-Tizian-Platz, Tel. +43/(0)5574/485 94-0, www.kunsthaus-bregenz.at
- Für die Damen fast ein Pflichtbesuch ist das **Factory Outlet Wolford** des in Bregenz beheimateten Dessous- und Bekleidungsherstellers. In stilvoller Atmosphäre kann Mann/Frau hier günstig und in großer Auswahl shoppen. Wolfordstr. 2, Tel. +43/(0)5574/690-18 64, www.wolford.com

Seite 117: Von Bregenz nach Doren steigt die Straße stetig an und erlaubt einen herrlichen Panoramablick auf Bregenz und die dahinter sichtbaren Berge.

Die über Jahrzehnte hinweg aufgebaute private Sammlung der Familie Vonier ist atemberaubend: hunderte von Vorkriegs-Rolls-Royces, eine Reproduktion der ersten Rolls-Royce-Werkstatt, ein Restaurationsbetrieb und natürlich eine Gastronomie warten auf die Besucher.

Nur wenige hundert Meter hinter dem Museum beginnt der Fußweg entlang der Dornbirner Ache, der zur Rappenlochschlucht führt. Festes Schuhwerk ist hier angesagt, denn der Weg ist steinig und teilweise nass. Aber die Schlucht ist die kleine Anstrengung wert: Sie ist über Stege vollständig begehbar. Diese führen spektakulär an einer Schluchtwand vorbei und oberhalb des Felssturzes von 2011 fast frei schwebend zur neuen Schluchtbrücke.

Nach diesen beiden faszinierenden Sehenswürdigkeiten fahren wir zurück Richtung Bregenz und biegen rechts ab auf die L2 Richtung Doren. Kurz vor dem Ort halten wir an einer ruhigen Parkbucht und genießen einen grandiosen Blick über die Stadt Bregenz, bevor wir den Bodensee und die Region Bregenzer Wald hinter uns lassen.

In Doren, dem laut Ortschild »zweitsonnigsten Ort im Lande«, halten wir spontan beim Gasthaus Rose für eine kurze Pause – und genießen auf der kleinen Terrasse sitzend das Panorama des Bregenzer Waldes in seiner vollen Pracht. Wir bleiben nur auf einen Kaffee, denn auf uns und unseren Jaguar wartet noch eine schöne Strecke durch die waldreiche Region.

Wir überqueren die Schwarzach bei Zwing und folgen der Straße bis Hittisau. Linker Hand ist der große, etwa 1,5 Kilometer lange Stausee des Flusses Bolgenach zu sehen, eines Nebenflusses der Weißach, dem wir jetzt entgegen dem Flusslauf bis nach

Technik und Natur

- **Rolls-Royce-Museum Dornbirn:** Das größte Rolls-Royce Museum der Welt befindet sich in einer historischen Textilfabrik. Dort, wo einst Kaiser Franz Josef das erste Telefon der österreichisch-ungarischen Monarchie in Betrieb nahm, findet man heute ein Automobilmuseum der Superlative. Unter den ausgestellten Einzelstücken befinden sich u. a. der Safari-Tourenwagen von König Georg V., das Privatfahrzeug von F. H. Royce und der Rolls-Royce aus dem Film »Lawrence von Arabien«. Rolls-Royce Museum Franz Vonier GmbH, Gütle 10, A-6850 Dornbirn, Tel. +43/(0)5572/526 52, www.rolls-royce-museum.at
- **Rappenlochschlucht:** Oberhalb der alten Industriesiedlung Gütle befindet sich eine der größten Schluchten Mitteleuropas. Sie entstand durch den Durchbruch der Ebniter- und der Dornbirner Ache durch die Kalk-Mergelberge des Bregenzer-Wald-Gebirges. Die Schlucht ist über einen in die Felsen gebauten Steg begehbar. Infos unter www.rappenlochschlucht.at

Deutschland folgen. Von Hittisau bis Balderschwang sind es gut zwölf Kilometer auf der L 5. Die Straße ist schmal und links und rechts von leichtem Hügelland umgeben, auf dem glückliche Kühe grasend und ruhend ihre Tage verbringen.

Nach dem zweitsonnigsten Ort in Österreich erreichen wir Balderschwang, die mit 302 Einwohnern zweitkleinste Gemeinde in Bayern, die zudem auch noch einen zweiten Superlativ als Gemeinde mit dem »höchsten Ortskern Deutschlands« (1044 m) für sich in Anspruch nehmen kann. Die größte Sehenswürdigkeit des winzigen Örtchens ist die nordöstlich vom Ortskern stehende Alte Eibe von Balderschwang, deren Alter auf 600–1200 Jahre geschätzt wird (im Ort spricht man auch von 4000 Jahren, aber das ist definitiv eine Legende).

Blick auf Sonthofen an der Iller. Der hübsche Ort liegt im Tal zwischen den Flüssen Iller und Ostrach.

Oben: Fahrspaß am Bodensee, zwischen Doren und Hittisau

Wir halten uns hier nicht lange auf, denn der Höhepunkt unserer heutigen Tour steht uns im wahrsten Sinne des Wortes noch bevor: der kurz hinter Balderschwang beginnende Riedbergpass.

Mit einer Passhöhe von 1407 Metern über Null ist er der höchste befahrbare Gebirgspass Deutschlands. Die Passauffahrt ist zunächst noch recht kurvenarm und flach, wird aber zunehmend steiler und kurviger – das maximale Gefälle und die maximale Steigung betragen 16 Prozent. Wir geben dem Jaguar die Sporen, denn der Pass ist kaum befahren, und wir haben viel Platz, um auf der Ideallinie das Kurvengeschlängel zu genießen. Das Schild auf der

Passhöhe ist übrigens fehlerhaft: Die Passhöhe wird hier fälschlicherweise mit 1420 Metern statt den tatsächlichen 1407 Metern angegeben.

Auch die Abfahrt bis zur Gemeinde Fischen ist mit ihren zahlreichen Kurven und Spitzkehren ein Genuss. Fischen selbst ist eine idyllische Gemeinde, die beherrscht wird von zwei Kirchenbauten: der Pfarrkirche St. Verena mit einem Kern aus dem 15. Jahrhundert und der Frauenkapelle, einer Wallfahrtskapelle mit achteckigem Turm und Kuppeldach aus dem 17. Jahrhundert.

Hinter Fischen biegen wir rechts Richtung Süden auf die B 19 ab und fahren etwa fünf Kilometer bis nach Oberstdorf. Der flächenmäßig nach München und Lenggries größte Ort Bayerns ist Kurort und beliebtes Wintersportziel und lädt mit vielen alten Bauern- und Bürgerhäusern zu einem entspannten Spaziergang durch das Zentrum ein.

In Oberstdorf bieten sich auch einige Wirtshäuser für eine deftige Mittagsjause an, wie etwa die Edelweißstuben (Walserstr. 9) oder Riegers Restaurant (Landgasse 7) – von hier aus ist auch das Heimatmuseum in nur wenigen Meter zu erreichen. Das Köcherlerhaus, in dem das Museum untergebracht ist, stammt aus dem Jahr 1620; hier werden Exponate aus Handwerk, Landwirtschaft, Jagd und Brauchtum gezeigt. Besonders stolz ist man auf den »größten Lederskischuh der Welt«, der 1950 in Schuhgröße 480 vom Schuhmachermeister Josef Schratt angefertigt wurde (www.heimatmuseum-oberstdorf.de).

Nach einem kurzen Rundgang verlassen wir Oberstdorf nordwärts in Richtung Reichenbach und fahren auf der OA 4 in sanften Schwüngen durch offenes Ackerland. Hinter den Waldstreifen auf der linken Seite blitzt gelegentlich die Iller zwischen den Bäumen hervor.

Reichenbach ist etwa fünf Kilometer von Oberstdorf entfernt, zu dem es verwaltungstechnisch gehört. Bis nach Sonthofen sind es

Oberstdorf

Stadtführungen und Kameraverleih:
Übernachtungsgäste können sich kostenlos eine digitale Kamera leihen, wenn sie an einer der geführten Wanderungen teilnehmen, die vom Tourismusverband Oberstdorf angeboten werden (Infos beim Tourismusbüro im Oberstdorf-Haus, Prinzregentenplatz 1, Tel. 08322/700-0, www.oberstdorf.de).

Oberstdorf-App: Auf der Website der Gemeinde wird eine kostenlose App für Android und iOS angeboten, die als »offizieller interaktiver Reiseführer« alle Infos über Oberstdorf bereithält (www.oberstdorf.de/app).

Linke Seite oben: Kurze Pause vor dem Riedbergpass. Der höchste befahrbare deutsche Gebirgspass ist für unseren Jaguar keine Herausforderung.

Linke Seite unten: In Reichenbach hinter Oberstdorf machen wir einen kurzen Stopp an diesem liebevoll begrünten alten Holzhaus.

etwa 30 Kilometer, und wir passieren auf der Strecke die Orte Rubi, Schöllang und Altstädten, bevor wir den Luftkurort erreichen. Je nach fahrerischem Temperament und Zeitplanung bietet sich Sonthofen für eine Mittagspause oder zum Übernachten an, wenn die Tour auf zwei Tage aufgeteilt wird. Mein Tipp: Nehmen Sie sich ruhig etwas Zeit, und planen Sie ein Wochenende für die Tour – es lohnt sich!

Sonthofen ist das touristische Zentrum des Landkreises Oberallgäu. Eingebettet in die Allgäuer Hochalpen im Tal zwischen den Flüssen Iller und Ostrach, bietet Sonthofen für jeden etwas: viel Natur, Wandern, Sportmöglichkeiten, Kultur, Sehenswürdigkeiten und natürlich auch eine abwechslungsreiche Gastronomieszene von regional-rustikal bis vornehm.

An Sehenswürdigkeiten bietet die Stadt eine Reihe historischer Sakral- und Profanbauten, die bis ins 14. Jahrhundert zurückreichen. Dazu gehört etwa die unterhalb des Kalvarienbergs gelegene katholische Pfarrkirche St. Michael; das Barockgebäude stammt aus dem 16. Jahrhundert und besitzt eine sehenswerte prachtvolle Inneneinrichtung mit einem großen Deckenfresko.

Am Kalvarienberg wird auch die alemannische Ursiedlung Sonthofens mit einer Gerichtsstätte, dem Thing, vermutet. Ab 1120 wurde hier ein jährliches Frongericht abgehalten. Heute führt ein Kreuzweg von der Kapelle auf der Kuppe bis an den Fuß des Berges.

Für unseren Stadtrundgang parken wir in der Straße Am Kalvarienberg, in der Nähe des sehenswerten Kurparks. Für den Abend und die Übernachtung quartieren wir uns etwas außerhalb der Stadt im Berggasthof Sonne in 87527 Sonthofen, Imberg 12, Tel. 08321/3360, www.berggasthof-sonne.de – etwa fünf Kilometer vom Kalvarienberg entfernt – ein. Der hübsche Berggasthof bietet einen grandiosen Rundblick auf die um-

Sonthofen

Die neobarocke katholische **Stadtpfarrkirche St. Michael** wurde 1449 erstmals schriftlich erwähnt, als sie einem Brand zum Opfer fiel und daraufhin neu gebaut wurde; sie ist aber offensichtlich wesentlich älter, wie gotische Bauteile, die beim Wiederaufbau nach dem Zweiten Weltkrieg entdeckt wurden, vermuten lassen. Sehenswert ist das Kirchenschiff mit dem Deckenfresko und der Orgelempore (Infos bei der Tourist-Info, Rathausplatz 1, Tel. 08321/615-291, www.sonthofen.de).

Kalvarienberg und Kreuzweg: Hier war einst vermutlich eine alemannische Siedlung, mit der die Ortsgeschichte begann. Die auf dem Kalvarienberg stehende Kriegergedächniskapelle bildet den Endpunkt eines Kreuzwegs, der in der Stadt beginnt. Infos dazu bei der Tourist-Info (s. o.).

Oben: Diese Büste von König Maximilian II. ist in die Felswand des Füssener Lechfalls eingelassen, der einzigen im Naturzustand erhaltenen Schlucht im bayerischen Alpenraum.

liegenden Bergketten und das Alpenvorland. Die Zimmer sind freundlich und ländlich und dabei erstaunlich günstig – je nach Saison und Zimmerkategorie zahlen zwei Personen hier ab 50 Euro für eine Übernachtung mit Frühstück. Und zum Abendessen müssen wir den Gasthof auch nicht verlassen, denn die Speisekarte bietet leckere regionale Spezialitäten, und als Bonus gibt es das gute Imberger Bier aus der eigenen Hausbrauerei.

Die Fahrt durch das Tannheimer Tal führt durch herrliche Landschaften.

Am nächsten Morgen weckt uns die Sonne, die ins Zimmer scheint, früher als geplant. Aber das macht nichts, denn wir können die nächste Etappe unserer Allgäu-Tour kaum erwarten: Heute stehen fast 50 Kilometer pures Fahrvergnügen über den Jochbergpass und durchs Tannheimer Tal bis Pfronten auf dem Programm.

Von Sonthofen aus fahren wir auf der B 308 nach Bad Hindelang und dann über den Oberjochpass, der zwar keine besonderen Steigungen aufweist, dafür aber einige herrliche Spitzkehren und eine tolle Aussicht aus dem Cabrio heraus auf die Alpengipfel bietet.

Für den Spaziergang auf der wie verwunschen wirkenden Kurfürstenallee in Marktoberdorf lassen wir den Jaguar gerne eine halbe Stunde ausruhen.

Nach der Passhöhe auf 1178 Metern passieren wir den Ort Oberjoch und biegen nach gut zwei Kilometern rechts auf die B 199 ab, die uns für kurze Zeit wieder nach Österreich führt. Bis kurz vor den Haldensee fahren wir genüsslich auf der gut ausgebauten B 199 gen Osten. Die Straße, die durch grüne Wiesen und sanfte Hügellandschaften führt, ist wirklich idyllisch, und wir müssen auf eine große Anzahl tierischer Verkehrsteilnehmer aufpassen: Die Kühe grasen hier völlig frei und queren die Straße bei ihrer Futtersuche ganz selbstverständlich.
Kurz vor dem Haldensee verlassen wir beim Schachenlift die B 199 und biegen nach links auf die L 261 ab, die uns nach Norden durch den Pfrontner Wald in Richtung Pfronten bringt. Nach etwa fünf Kilometern verlassen wir Österreich und befinden uns nun auf der Achtalstraße, die uns über Steinach nach Pfronten bringt. Wir halten uns in der Stadt selbst nicht auf, denn unser Ziel ist die Burgruine Falkenstein auf 1268 Metern Höhe und damit die höchstgelegene Burganlage Deutschlands.
In Meilingen gleich hinter Pfronten fahren wir auf dem König-Ludwig-Weg zur Burgruine. Die erste urkundliche Erwähnung der als »castrum Pfronten« bezeichneten Burg stammt aus dem Jahr 1290; der Name Falkenstein wurde erst im 15. Jahrhundert gebräuchlich. Nach diversen Eigentümerwechseln im Laufe der

Jahrhunderte erwarb König Ludwig II. die Ruine im Jahr 1883. Er wollte sie zu einer Anlage im Stil von Schloss Neuschwanstein ausbauen lassen. Bis zu seinem frühen Tod im Starnberger See verschliss er mehrere Architekten, danach wurden die Bauarbeiten abgebrochen, und die Ruine blieb bis ins 20. Jahrhundert hinein fast unberührt. Heute steht neben einigen wenigen Mauern nur noch der der alte Innenhof, und eine hölzerne Aussichtsplattform im Burginneren erlaubt einen ungestörten Rundblick auf das Vilstal und die Berge der Tannheimer Gruppe.

Nach dem kurzen Ausflug ins Mittelalter geht es weiter nach Füssen. Die Stadt an Forggensee und Lech haben wir ja bereits auf unserer Tour über die Alpenstraße kennengelernt (s. Tour 1). Von Füssen aus fahren wir auf der B 16 fast die gesamte Länge des Forggensees entlang – etwa sieben Kilometer – nach Norden, Richtung Marktoberdorf. Die B 16 schlängelt sich in sanften Kurven durch das satte Grün der Voralpenlandschaft. Bei Dietringen lassen wir den Forggensee hinter uns und fahren etwa zehn Kilometer bis nach Marktoberdorf.

Die knapp 20 000 Einwohner große Stadt wird geprägt durch eine reizvolle Mischung aus Wiesen, Wäldern und Hügeln und durch eine große Anzahl kleinerer Seen und Weiher, die teilweise zum Baden einladen. Die Stadt lockt ebenfalls zu einer längeren Pause, denn es gibt einige interessante Sehenswürdigkeiten zu entdecken. So z. B. das ehemalige Fürstbischöfliche Schloss, das zwischen 1723 und 1729 erbaut wurde und später das Jagdschloss der Augsburger Fürstbischöfe war; heute ist es u. a. Sitz der Bayerischen Musikakademie. Vom Schloss führt eine herrliche, etwa zwei Kilometer lange Lindenallee, die Kurfürs-

Marktoberdorf

Früher war das **Fürstbischöfliche Schloss** der Amtssitz der Vögte und bischöflichen Pröbste, danach diente es als Jagdschloss der Augsburger Fürstbischöfe. Heute ist das 1723–29 erbaute Schloss die Heimat der Bayerischen Musikakademie (Infos beim Touristikverein Marktoberdorf e. V., Richard-Wengenmeier-Platz 1, Tel. 08342/40 08 45, www.touristik-marktoberdorf.de).

Die 2 km lange Kurfürstenallee, eine Lindenallee mit über 200 Jahre alten Bäumen in der Nähe des Fürstbischöflichen Schlosses, liegt zwischen den Tälern der Wertach und der Geltnach und bietet einen herrlichen Blick auf die Allgäuer Berge (Infos beim Touristikverein Marktoberdorf e. V.).

Dort, wo heute die um das Jahr 1200 im Stil der Romanik erbaute **Stadtpfarrkirche St.Martin** steht, befand sich bereits um 750 ein Gotteshaus. In späteren Jahrhunderten im Barockstil umgebaut und erweitert, ist St. Martin heute eines der Wahrzeichen der Stadt. Besonders sehenswert ist der Hochaltar von 1747 (Infos beim Touristikverein Marktoberdorf e. V.).

tenallee, zu einem Aussichtspunkt, der Tempel genannt wird. In direkter Nähe des Schlosses befindet sich auch die barocke Stadtpfarrkirche St. Martin, die um das Jahr 1200 herum im romanischen Stil erbaut und vermutlich im 15. Jahrhundert erweitert und umgebaut wurde. Der 1747 geschaffene Hochaltar und die Sakristei sowie die etwas älteren Seitenaltäre und die Deckenfresken sind absolut sehenswert.

Reizvoll ist auch der Kontrast zwischen dem alten Rathaus und dem auf dem Vorplatz stehenden modernen Brunnen. Bei verschiedenen Stadtführungen lernt man – sofern man etwas Zeit mitbringt – die Stadt und ihre bewegte Geschichte am besten kennen (Infos dazu beim Touristikverein und auf der Homepage der Stadt). Für kulinarische Genüsse und eine Erfrischung sorgen eine Reihe von Restaurants, Bars und Gasthäusern in der Stadt – wir belassen es bei einem schnellen Imbiss in einem Bistro, denn unser nächstes Zwischenziel lockt: Kaufbeuren.

Die Stadt liegt in einem Muränental an der Wertach und ist nicht nur wegen ihrer historischen Altstadt einen Besuch wert – Kaufbeuren besitzt auch einige Museen, deren Themenspektrum man woanders nicht findet. So zeigt das im Ortsteil Neu-Gablonz stehende Isergebirgs-Museum die Geschichte des Isergebirges auf, eines Teils des Sudentenlandes, aus dem nach dem Zweiten Weltkrieg viele Flüchtlinge ins Allgäu und nach Kaufbeuren kamen. Das Feuerwehrmuseum in der Spittelmühle zeigt die Kunst des Feuerlöschens vom Mittelalter bis heute.

Ein Highlight ist aber dennoch der Rundgang durch die Altstadt und vor allem der Spa-

Kaufbeuren

Historische Altstadt, Stadtmauer: Die Altstadt von Kaufbeuren und Neu-Gablonz kann mittels Führungen erkundet werden, die im Tourismusbüro angeboten werden. Ein Highlight ist der Spaziergang auf der Stadtmauer – dazu muss der Schlüssel im Tourismusbüro abgeholt werden (Tourist-Info, Kaiser-Max-Str. 3a, Tel.: 08341/43 71 90, www.kaufbeuren-tourismus.de).

Das **Feuerwehrmuseum** zeigt die Entwicklung der Feuerbekämpfung vom Mittelalter bis heute und lässt die Besucher in einem nachgebauten Luftschutzkeller aus dem Zweiten Weltkrieg die beklemmende Realität dieser Zeit spüren (Bleichanger 50, 87600 Kaufbeuren, Tel. 0173/8660010, www.feuerwehrmuseum-kaufbeuren.de).

Isergebirgs-Museum: Der Kaufbeurer Stadtteil Neu-Gablonz und seine Industrie wurden nach 1945 von Heimatvertriebenen aus Gablonz an der Neiße im nordböhmischen Isergebirge begründet. Das Isergebirgs-Museum Neu-Gablonz zeigt die Vorgeschichte: rund 400 Jahre deutsch geprägte Kultur und Industrie in den drei Bezirken Gablonz, Reichenberg und Friedland (Bürgerplatz 1, Tel. 08341/96 50 18, www.isergebirgs-museum.de).

Auf das schier endlose Kurvengeschlängel am Riedbergpass haben wir uns schon seit dem Frühstück gefreut!

ziergang auf der historischen Stadtmauer. Den Schlüssel dazu erhält man leihweise bei der Touristeninformation, die auch Stadtführungen durch die Altstadt von Kaufbeuren anbietet (die allerdings vorher gebucht werden müssen). Für eine kleine Stärkung bieten sich in der Altstadt diverse nette Lokale, Bistros, Restaurants und Gasthäuser an – vom Feinschmeckermenü bis zur typisch schwäbischen Küche ist hier alles vertreten. Wir entscheiden uns für das Bistro La Baronessa in der Kaiser-Max-Straße, mit moderner, heller Einrichtung und einer mediterran angehauchten Speisekarte.

Frisch gestärkt brechen wir zum letzten Teil unserer großen Allgäu-Runde auf: nach Bad Wörishofen, der Heimat von Sebastian Kneipp, dem Pfarrer und Namensgeber der weltbekannten Kneippkuren. Kurz nach Kaufbeuren knickt die B 16 nach links ab; wir aber fahren geradeaus weiter auf der St 2015, die uns entlang der Wertach bis an den Ortsrand von Bad Wörishofen führt.

Essen & Trinken

- **Oberstdorf:** Café Mabella, Alt 168, Kirchstrasse 5, 87561 Oberstdorf, Tel. 08322/987078, www.cafe-mabella.de: Urgemütliche Gaststube im Herzen von Oberstdorf, die mit regionaler Küche, Wildspezialitäten und Käse aus eigener Herstellung überzeugt.
- **Kaufbeuren:** La Baronessa, Bistro & Cafébar, Kaiser-Max-Str. 16, 87600 Kaufbeuren, Tel.: 08341/999 636: Gehobene italienische Küche im luftigen Bistro-Ambiente

Im Ort biegen wir links auf die Kaufbeurer Straße, fahren am ersten Kreisverkehr in die vierte Straße nach links und suchen uns in der Nähe des Klosters der Dominikanerinnen einen Parkplatz. Im Kloster ist auch das – wen wundert's – Kneippmuseum untergebracht. Denn selbstverständlich ist der Kneippkurort Bad Wörishofen stolz auf seinen berühmten Sohn, der u.a. als Namensgeber für einen Brunnen und eine Schule dient. Im Ort gibt es über 20 Kneippanlagen, und der zehn Kilometer lange Kneipp-Waldweg durch den Bad Wörishofener Wald informiert über die heimische Flora und Fauna und ihre Verbindung zu Kneipp.

Für Blumenfreunde ein Pflichtprogramm ist das Rosarium im städtischen Kurpark: Mit über 6000 Rosenstöcken und weit über 550 Sorten ist es eine der größten Anlagen dieser Art in Deutschland. Zum Ausklang unserer Rundfahrt lassen wir uns Zeit und verlieren uns ein wenig in der Blütenpracht und Vielfalt der Rosen, bevor wir zu einem Rundgang durch die hübsche Stadt aufbrechen und den Nachmittag dann bei einem gemütlichen Kaffee und bei Kuchen im Café Möhren-Pik, in unmittelbarer Nähe unseres Parkplatzes am Kloster, beschließen.

Wasserkuren und Rosenträume

- **Kneipp-Museum:** Das im Ostflügel des Klosters der Dominikanerinnen untergebrachte Kneipp-Museum präsentiert eindrucksvoll Leben und Werk des »Wasser-Doktors« Sebastian Kneipp. Klosterhof 1, Tel. 08247/39 56 13, www.kneipp-museum.de
- **Kneipp-Waldweg:** Der perfekte Ausgleich für allzu langes Gaspedaltreten – der Kneipp-Waldweg ist zum einen ein gut 10 km langer Wanderweg durch den Bad Wörishofener Wald, zum anderen gehören auch ein Trimm-Dich-Pfad und ein Barfußweg dazu. Infos bei der Tourist-Info Bad Wörishofen, Luitpold-Leusser-Platz 2, Tel. 08247/99 33-0, www.bad-woerishofen.de
- **Rosarium:** Auf einer Fläche von 10 000 m² wachsen in dem 1972 gegründeten Rosengarten über 6000 Rosenstöcke von über 550 Sorten. Das Sortiment deckt von der Heckrose über historische bis zu Edelrosenarten alle Spielarten dieser wunderbaren Gewächse ab. Infos bei der Tourist-Info Bad Wörishofen

Vor hier aus fahren wir über die Kreisstraße MN10 durch kleine Orte und grüne Landschaften erst nach Buchloe – ab hier heißt die Kreisstraße AOL18 – und biegen dann direkt vor dem Ort Bronnen links ab auf die Erpftinger Straße Richtung Landsberg. Diese Stadt hatten wir beim südlichen Teil der Romantischen Straße als Zielort gewählt und ausgiebig besichtigt (s. Tour 1).

Unser Ziel für den Abend ist das LechparkHotel in Lagerlech-

Rechte Seite: Die Stadtpfarrkirche von Marktoberdorf und das davor befindliche Schloss legen Zeugnis von der fast 1000-jährigen Geschichte des Ortes ab.

feld, etwa 15 Kilometer hinter Landsberg Richtung Augsburg. Das Hotel liegt nur wenige hundert Meter abseits der B 17, die nach Augsburg und zur A 8 Richtung Stuttgart und München führt, und bietet ruhige, gut ausgestattete Zimmer und ein gutes italienisches Restaurant im Nebengebäude – genau das Richtige für den entspannten Ausklang einer herrlichen Allgäu-Rundtour. Und wer noch nicht genug hat, könnte von Landsberg aus am nächsten Tag noch den südlichen Teil der Romantischen Straße von Landsberg nach Füssen unter die Räder nehmen …

Unterkunft

- **LechparkHotel**, Lagerlechfelder Str. 28, 86836 Untermeitingen, Tel. 08232/99 80, www.lechpark-hotel.de: Verkehrsgünstig gelegenes Businesshotel mit großzügigen Zimmern.
- **Berggasthof Sonne**, Imberg 12, 87527 Sonthofen, Tel. 08321/33 60, www.berggasthof-sonne.de: Familienbetrieb etwas außerhalb der Stadt mit herrlichen Blick auf die Berge. Im Wirtshaus gibt es leckere regionale Küche und hausgebrautes Imberger Bier.

11 Vom Sisi-Schloss zur Donauperle

Einmal durchs Hopfenland

Etappen
Aichach–Maria Beinberg: 12 km; Maria Beinberg–Schrobenhausen: 8,5 km; Schrobenhausen–Pfaffenhofen: 22,5 km; Pfaffenhofen–Wolnzach: 16 km; Wolnzach–Mainburg: 14 km; Mainburg–Abensberg: 22 km; Abensberg–Manching: 30 km; Manching–Neuburg: 25 km; Gesamtstrecke: 150 km

Anreise
Von Norden und Süden über die A 8 bis Ausfahrt Dasing, dann auf der B 300 weiter bis Aichach

Information
Tourismusverband Hallertau e. V., Türltorstraße 16-20, 85276 Pfaffenhofen an der Ilm, Tel. 08841/4528 967, Hopfenland Hallertau Tourismus e.V., Münchener Vormarkt 1, 85276 Pfaffenhofen a.d.Ilm, Tel. 08441/4009-284 www.hopfenland-hallertau.de

Die Holledau oder auch Hallertau, durch die uns diese Tour führt, ist das größte zusammenhängende Hopfenanbaugebiet der Welt – hier wächst das »Hopfengold«, die Grundlage für jedes leckere Bier.

Vom Frühjahr bis zur Ernte Ende August/Anfang September beherrschen die Hopfenfelder mit ihren typischen bis zu sieben Meter hohen Holz- und Drahtgestellen die Landschaft zwischen Schrobenhausen, Ingolstadt und Kelheim.
Eigentlich schummeln wir bei der Planung unserer Tour ein wenig, denn Aichach, unser Startpunkt, liegt außerhalb der Hallertau. Aichach ist jedoch den Ausreißer wert und zudem nur wenige Fahrminuten von den ohnehin nicht exakt definierten Grenzen der Hallertau, oder auch Holledau, entfernt.

Beeindruckend: Der große Hauptplatz mit dem alten Rathaus ist das historische Zentrum von Pfaffenhofen.

In Aichach machen wir noch einen kurzen Abstecher zum Wasserschloss Unterwittelsbach, im Volksmund meist Sisi-Schloss (nur korrekt mit einem »s«!) genannt. Das fast als Quadrat angelegte Wasserschloss diente im 19. Jahrhundert Herzog Max in Bayern als Jagdschloss. Es trägt seinen Sisi-Beinamen, weil eine von Max' Töchtern, die Herzogin Elisabeth in Bayern später als Kaiserin von Österreich und Königin von Ungarn und besser bekannt als Sisi zu Ruhm und (Film-)Ehren kam. Heute befindet sich das Schloss im Besitz der Stadt Aichach und beherbergt das Sisi-Museum, in dem das Leben und die Zeit der berühmten Adeligen erlebbar werden.

Zum Sisi-Schloss

Das **Unterwittelsbacher Wasserschloss** beherbergt eine Ausstellung zum Leben der berühmten österreichischen Kaiserin Sisi. Infos dazu beim Infobüro der Stadt Aichach, Klausenweg 1, 86551 Aichach, Tel. 08251/89 18 69, www.aichach.de/Freizeit/Museen/Sisi-Schloss

Wir verlassen Aichach – das übrigens eine hübsche kleine Altstadt besitzt, die von zwei gut erhaltenen Stadttoren, dem unteren und dem oberen Tor, umgrenzt wird – in Richtung Nordosten und fahren ein paar Kilometer auf der gut ausgebauten B 300 nach Kühbach. Auf der Höhe von Peutenhausen biegen wir

rechts ab und fahren knapp zwei Kilometer auf der Kreisstraße ND 4 auf den 501 Meter hohen Beinberg mit der Wallfahrtskirche Maria Beinberg. Die Auffahrt auf der kurvigen und sanft ansteigenden Zufahrtsstraße führt durch dichten Wald und bereitet viel Vergnügen.

Die Wallfahrtskirche Meine liebe Frau stammt aus dem 15. Jahrhundert. Der äußerlich recht unscheinbare Bau überrascht im Inneren mit einer prachtvollen Ausstattung im Rokokostil. Nachdem wir die Kirche und vor allem den idyllischen, in den Hang gebauten Kräutergarten und den in den Wald führenden Kreuzweg bewundert haben, fahren wir den

Berg wieder auf dem Hinweg hinab, biegen rechts auf die B300 ab und erreichen nach gut 10Minuten Schrobenhausen. Nun sind wir offiziell in der Holledau, wobei Schrobenhausen auch das Zentrum eines der größten deutschen Spargelanbaugebiete ist. Im ehemaligen Amtsturm der mittelalterlichen Stadtmauer wartet das Europäische Spargelmuseum auf Besucher, die darin alles über die Geschichte und Technik des Spargelanbaus erfahren.

Das Museum ist ein guter Startpunkt für einen Spaziergang entlang des Stadtwalls, der ehemaligen Stadtmauer, die schon im 19. Jahrhundert zu einer Parkanlage mit über 500 Bäumen (von denen jeder fünfte über 150 Jahre alt ist) umgebaut wurde. Auch die Altstadt mit ihren vielen liebevoll restaurierten Bürgerhäusern ist einen Spaziergang wert. Eine der Sehenswürdigkeiten ist das Geburtshaus des Malers Franz von Lenbach – daher bezeichnet sich Schrobenhausen auch stolz als Lenbachstadt. Das Museum im Geburtshaus zeigt zahlreiche Gemälde und Skizzen des berühmten Sohns der Stadt.

Vom Museum in der Ulrich-Peißer-Gasse 1 aus halten wir uns auf dem Königslachener Weg direkt rechts neben der St 2044 und fahren durch das angrenzende Industriegebiet aus der Stadt hinaus. Bei Sandhof wird der Wald dichter und der Verkehr immer weniger, und einige hundert Meter rechts von der Straße schlängelt sich die Paar durch das abwechslungsreiche, hügelige Acker- und Wiesenland.

Wir fahren anchließend auf der Hohenwarter Straße weiter, durch Markt Hohenwart hindurch, und biegen nach dem Ort rechts ab auf die Kreisstraße PAF4, die sich im sanften Schlängeln nach Pfaffenhofen zieht.

Die hügelige Landschaft links und rechts der Straße ist idyllisch: Kleine Waldstücke wechseln sich ab mit Hopfenfeldern und Wiesen, und rechts am Straßenrand spenden Bäume, fast wie bei einer Allee, Schatten und sorgen für angenehmes Licht.

Linke Seite oben: Einsame Straßen und romantische Felder lösen sich ab mit Waldstücken und machen die Fahrt durch die Hallertau zum Genuss.

Unten: Im Wasserschloss bei Unterwittelsbach lebte einst Sisi, die spätere Kaiserin von Österreich und Königin von Ungarn.

Wo Spargelliebhaber wallfahren

- **Wallfahrtskirche Maria Beinberg:** Zur kleinen Kirche mit prachtvoller Inneneinrichtung führt die Auffahrt über eine schöne, schmale Bergstraße. Maria Beinberg, 86565 Gachenbach, Tel. 08259/541
- **Schrobenhausener Museen:** Die Spargelstadt in der Hopfenregion betreibt verschiedene Museen, darunter das Spargelmuseum zur Geschichte des Spargelanbaus und das Lenbachmuseum mit Bildern des berühmten Schrobenhausener Künstlers. Museen Schrobenhausen, Lenbachplatz 18, Tel. 08252/90-237, www.schrobenhausen.de/de/Kultur-Tourismus/Museen

Wir erreichen Pfaffenhofen von Westen auf der PAF 4 und passieren dabei in geringer Entfernung von der Hauptstraße die 1981 eröffnete Trabrennbahn, die sogenannte Hopfenmeile. Wir fahren geradeaus weiter auf der Hohenwarter Straße bis ins Zentrum und finden einen Parkplatz am Hauptplatz. Hier ist auch das Tourismusbüro, in dem wir uns zuerst einmal einen Stadtplan holen.

Pfaffenhofen hat eine lange Geschichte, die bis ins 8. Jahrhundert zurückreicht; die erste urkundliche Erwähnung datiert auf das Jahr 1140. Als Stadt wird Pfaffenhofen das erste Mal 1438 bezeichnet, nach dem Bau der Stadtmauer mit ihren 17 Türmen und vier Toren. Im Oktober 2011 wurde Pfaffenhofen aufgrund der vielfältigen Umweltschutzprogramme der Stadt mit dem »LivCom-Award« vom Umweltprogramm der UN ausgezeichnet, was sie laut

dieser Auszeichnung zur »Weltweit lebenswertesten Stadt mit 20 000–70 000 Einwohnern« macht.

Aber nun zurück in die Gegenwart: Der 300Meter lange und 40Meter breite Hauptplatz ist das beeindruckende historische Zentrum der Stadt, mit dem historischen Rathaus im Osten und der Pfarrkirche St.Johannes Baptist, dem ältesten erhaltenen Gebäude der Stadt, im Westen. Der verkehrsberuhigte Hauptplatz ist rundum mit historischen Wohn- und Geschäftshäusern (meist aus dem 18.Jh.) bebaut. Vor wenigen Jahren wurde der Platz neu gestaltet und lädt nun mit seiner Mischung aus modernem Ambiente und historischer Bausubstanz zum Flanieren und Verweilen in den Cafés und Gasthäusern am Platz ein.

Nur zwei Querstraßen weiter bzw. gerade einmal 250 Meter südlich vom Hauptplatz finden sich Reste der um 1438 erbauten oberen und unteren Stadtmauer mit dem einzigen erhaltenen Stadttor (Am Platzl 2) sowie dem unverändert erhaltenen Pfänder- oder Hungerturm (Infos dazu im Tourismusbüro, Haus der Begegnung, Hauptplatz 47, Tel. 08441/78 22 50, www.pfaffenhofen.de).

Deutsches Hopfenmuseum

Das 2005 eröffnete Museum zeigt Bilder, Dokumente, Werkzeuge und Geräte des Hopfenanbaus vom 16.–19. Jh.
Elsenheimer Str. 2, Tel. 08442/75 74,
www.hopfenmuseum.de

Unser nächstes Ziel heißt Wolnzach und befindet sich im Herzen der Hallertau. 20 Minuten ungetrübter Fahrspaß auf der St 2232 warten nun auf uns. Die Straße führt etwa zehn Kilometer weit fast schnurgerade von Pfaffenhofen an Feldern und Wiesen vorbei bis nach Rohrbach, wo wir rechts auf die St 2549 Richtung Wolnzach abbiegen.

Die größte Sehenswürdigkeit von Wolnzach ist wahrscheinlich das 2005 eröffnete Hopfenmuseum. In dem etwa 1000 Quadratmeter großen Neubau in der symbolischen Form eines Hopfengartens ist die wohl größte Spezialsammlung der Welt zum Thema Hopfen untergebracht.

Wir halten uns hier aber nicht lange auf, denn zum Mittagessen möchten wir in Abensberg sein, dem Halbzeitziel unserer Hopfen-Tour. Bis dahin sind es noch gut 35 Landstraßen-Kilometer, und auf halbem Weg machen wir einen kurzen Stopp in Mainburg.

Linke Seite oben: Der hübsche Marktplatz in Mainburg lädt ein zum Verweilen.

Linke Seite unten: Das Hopfenmuseum in Wolnzach beeindruckt nicht nur mit seiner modernen Architektur.

Rechte Seite unten: Der von Friedensreich Hundertwasser gestaltete Turm auf dem Gelände der Brauerei Kuchlbauer ist ein Wahrzeichen von Abensberg.

Die St 2049 führt in sanften Kurven nach Osten Richtung Mainburg, und unser Blick schweift dabei über das weite, offene Land, auf dem sich Felder mit Wiesen abwechseln. Nur einmal macht die Straße einen scharfen Rechts-Links-Schwenk durch ein kleines Waldstück, um danach sofort wieder gen Osten und mit nur wenigen Kurven Richtung Mainburg zu führen.

Kurz hinter Oberlauterbach gelangen wir in ein größeres Waldstück und überqueren kurz vor Oberempfenbach dann die A 93. Es ist voll und hektisch auf der Autobahn, und wir freuen uns über den geringen Verkehr auf unserer Route.

Nach Unterempfenbach wird die Landschaft allmählich etwas waldiger, und kurz vor Mainburg biegt die St 2049 nach rechts ab; wir halten uns hier halb links auf die Ingolstädter Straße und passieren bald danach das Ortsschild der Stadt Mainburg.

Wir halten uns in dem hübschen kleinen Städtchen aber nicht lange auf, sondern setzen unsere Fahrt Richtung Abensberg fort und fahren auf der B 301 nach Norden – es sind noch 20 Kilometer bis zu unserem Etappenziel in Abensberg.

Die Bundesstraße führt ohne große Kurven durch das Hopfenland, rechts und links der Straße dominieren große Hopfenfelder die Landschaft. Wir passieren die Orte Wambach und Meilenhofen, und rechts der Straße schlängelt sich das Flüsschen Abens durch die Landschaft. Das Wetter ist dank eines spätsommerlichen Sonnentages warm und freundlich, und wir genießen die frische Brise im offenen Fiat.

Nach etwa acht Kilometern erreichen wir bei Elsendorf die Ausläufer des Dürnbacher Forsts, der uns links von der Bundesstraße für einige Kilometer begleitet. Der Forst ist eines der größten zusammenhängenden Waldgebiete Bayerns; hier entspringen viele Quellen. Der Ort St. Johann, den wir passieren, grenzt im Westen direkt an den Waldrand und im Osten an die B 301. Im Wald selbst gibt es auf Rodungsinseln nur die zwei winzigen Orte Geibenstetten mit etwa 120 Ein-

Abensberg

Historische Altstadt: Der Marktplatz im Zentrum ist ein idealer Ausgangspunkt für einen Altstadtbummel. Wer nicht auf eigene Faust losziehen möchte: Bei der Tourist-Info gibt es eine große Auswahl geführter Touren, von der klassischen Stadtführung über die Kirchen- bis zu Themenführungen (Tourist-Info im Herzogkasten, Dollingerstr. 18 / Eingang Aventinusplatz, Tel. 09443/91 03 59, www.abensberg.de).

Der **Maderturm** in der Abensstraße gilt als Wahrzeichen der Stadt und ist einer von einst 40 Türmen der nur noch in Resten vorhandenen Stadtmauer. Infos dazu bei der Tourist-Info (s. o.)

wohnern und das aus vier Häusern bestehende Umbershausen; beide Orte sind von der B 16, die im Westen den Wald begrenzt, zugänglich.
Kurz vor Abensberg kreuzen wir die B 16, und aus der B 301 wird die St 2144, die uns bis vor die Altstadt bringt. Gleich nachdem

Der Fluss Abens gibt der Stadt Abensberg ihren Namen und umgrenzt die Altstadt.

wir die Abens überquert haben, biegen wir links auf die Abensstraße ein, die für 250 Meter direkt entlang der Abens verläuft, bevor sie einen 90-Grad-Rechtsknick macht. Hier steht der Maderturm, das Wahrzeichen der Stadt und einer von einst 40 Türmen der im 14. Jahrhundert errichteten Stadtmauer.
Nach etwa 400 Metern biegen wir an der großen Kreuzung links ab und parken kurz darauf auf dem Gelände von Kuchlbauers Bierwelt. Hier genießen wir erst einmal die lang ersehnte Mittagsrast. Die Auswahl aus der Speisekarte fällt nicht schwer: Es gibt Schweinsbraten für den großen Hunger oder

Die Reste der alten Stadtmauer von Abensberg

verschiedene Würste, dazu ein wirklich süffiges Kuchlbauer-Weißbier. Der Biergarten ist rustikal, das Essen preiswert und gut. Vor allem aber begeistert der Ausblick, denn die Bierwelt ist ein wirklich einmaliges Gesamtkunstwerk aus Gastronomie und Kunst: Der 34 Meter hohe Kuchlbauerturm mit Zwiebeltürmchen, runden Fenstern und knallbunten Farben ist ein typischer Entwurf des großen Künstlers Friedensreich Hundertwasser und mittlerweile das Wahrzeichen der auf dem Gelände beheimateten Weißbierbrauerei.

Nach dem Essen machen wir einen kleinen Verdauungsspaziergang in die nur wenige hundert Meter entfernte Altstadt. Unser Ziel ist der dreieckige kleine Marktplatz mit-

Neuburg an der Donau

Es werden diverse Stadtführungen bis hin zu Erlebnis- und Themenführungen angeboten. Infos dazu gibt's bei den Freunden der Stadt Neuburg, Am Richteranger 38, Tel. 08431/470 16, www.stadtfuehrer-neuburg.de

ten im Zentrum. Er ist umgeben von Giebelhäusern, die meist aus dem 16. und 17. Jahrhundert stammen. Die beherrschenden Bauten am Platz sind das Rathaus im spätgotischen Stil und der große Brauerei-Gasthof Zum Kuchlbauer an der Ostseite. Es bleibt also quasi in der Wirts-Familie, wenn wir uns hier hinsetzen und einen Kaffee genießen, während wir entspannt das Treiben auf dem Marktplatz beobachten.

Bevor wir jedoch zu bequem und faul werden, schlendern wir zurück zur Bierwelt, bei der wir unser Cabrio geparkt haben. Schließlich haben wir noch ein paar schöne Landstraßen-Kilometer vor uns – genau genommen sind es gut 55 Kilometer, die uns, zum größten Teil auf der B 16, von Abensberg über Neustadt, Manching und Weichering bis nach Neuburg an der Donau bringen werden.

Von Abensberg aus fahren wir zunächst auf der St 2144 Richtung Süden und biegen nach kurzer Zeit rechts ab Richtung Neustadt; wir bleiben dabei auf der St 2144. Neustadt liegt auf einer Schotterebene des Donautals, am Rand der Hallertau. Bei Neustadt wird die St 2144 zur St 2233, die uns am Mauerner Badesee vorbeiführt.

Manching

Im **Kelten-Römer-Museum** (2006 eröffnet) werden Funde aus der Zeit der Kelten und der Römer gezeigt, darunter auch der mit 450 Münzen größte keltische Goldfund des 20. Jh. Im Erlet 2, Tel. 08459/323 73-0, www.museum-manching.de.

Die 1958 erbaute **Friedenskirche** steht unter Denkmalschutz und ist ein hervorragendes Beispiel für moderne Kirchenarchitektur. Infos dazu im Rathaus, Ingolstädter Str. 2, Tel. 08459/85-0, www.manching.de.

Kurz danach erscheint auf der linken Straßenseite kurz vor dem Ort Schwaig das riesige Testgelände von Audi, auf dem der Hersteller seit 1991 seine Neuentwicklungen ungestört von neugierigen Zaungästen testet. Leider ist das Gelände nicht zugänglich für Besucher – zu gern hätten wir hier eine oder zwei Testrunden gedreht …

Stattdessen fahren wir durch den Ort und stoßen kurz nach dem Ortsende von Schwaig auf die B16. Nun geht's ein kurzes Stück durch die westlichen Ausläufer des Dürnbacher Forsts, den wir auf der Fahrt nach Abensberg schon von der östlichen Seite kennen gelernt haben. Die weitere Strecke nach Manching führt durch flaches Land mit viel Landwirtschaft und einem weiten Blick nach Norden, wo die Donau und – davor – die Paar fließen.

Wir passieren die Orte Rockolding, Immendorf und kurz danach Ernsgaden und fahren dann am Flugplatz Ingolstadt-Manching vorbei, der in erster Linie von der Bundeswehr und der Airbus Group angeflogen wird, die in Manching seit 2008 ihre Firmenzentrale hat.

Sehenswert in Manching sind die denkmalgeschützte Friedenskirche, die 1958 von Olaf Gulbransson aus Trümmersteinen der 1945 gesprengten Landesfestung Ingoldstadt erbaut wurde, und das Kelten-Römer-Museum. Dort werden u. a. die Funde des bei Manching ausgegrabenen Oppidums von Manching und eines großen keltischen Goldschatzes sowie zwei römische Militärschiffe aus der Zeit um das Jahr 100 n. Chr. gezeigt.

Von Manching aus sind es noch etwa 20 Kilometer bis zu unserem Tagesziel, der Stadt Neuburg an der Donau. Der größte Teil der Strecke führt uns zwischen landwirtschaftlich genutzte Flächen hindurch. Die Donau und das Donaumoos sind etwa zwei Kilometer nördlich der Bundesstraße zu erahnen, links schweift der Blick kilometerweit über offene Felder und Wiesen. Es ist ein entspanntes Fahren auf der zweispurigen B 16, die ohne große Kurven und mit relativ wenig Verkehr durch den Landkreis Schrobenhausen-Neuburg führt.

Allmählich freuen wir uns auf einen gemütlichen Abend in der hübschen Altstadt der Renaissancestadt Neuburg. Als eine der ältesten Städte Bayerns hat Neuburg eine wechselvolle Geschichte. Erste Besiedelungen gab es bereits zu Beginn der letzten Eiszeit. Zur Römerzeit wurde Neuburg »Venaxamodurum« genannt. Ihre Blütezeit erlebte die Stadt jedoch als Hauptstadt des Fürstentums Pfalz-Neuburg zwischen 1505 und 1808. Aus dieser Zeit stammt auch die Obere Altstadt, die im Zweiten Weltkrieg weitgehend unzerstört blieb. Neuburg kann damit eines der schönsten Altstadt-Ensembles

Essen& Trinken

- **Gasthof J. Stief Schimmelwirt**, Aichacher Str. 21, 86529 Schrobenhausen, Tel.: 08252/7609, www.gasthof-stief.de: Der Schimmelwirt ist der älteste Gasthof Schrobenhausens uns seit 1975 im Besitz der Familie Stief. Von April bis Juni sind Spargelgerichte natürlich eines der Highlights der Speisekarte, neben bayerischer Küche aus der eigenen Metzgerei sind Forellengerichte eine weitere Spezialität des Hauses.
- **Kuchlbauers Bierwelt**, Römerstr. 5–9, 93326 Abensberg, Tel. 09443/910 10, www.weissbierbrauer-kuchlbauer.de: Auf dem Gelände von Kuchlbauers Bierwelt wird ein herzhaftes Weißbier gebraut; die Attraktion des Biergartens ist der von Friedensreich Hundertwasser entworfene 35 m hohe Turm.

Die Friedenskirche von 1958 wurde aus Trümmersteinen der 1945 gesprengten Landesfestung Ingolstadt erbaut und steht heute unter Denkmalschutz.

Bayerns aufweisen. Schon beim Hineinfahren in die Stadt sehen wir das auf einem Hügel gelegene Schloss mit seinen beiden Rundtürmen, das die Stadt überragt und ihre Silhouette prägt. Unterhalb des Schlosses finden wir einen Parkplatz in der Luitpoldstraße, direkt am Donaukai vor der Elisenbrücke, die über die Donau führt, und beginnen hier unsere Stadterkundung mit einem kleinen Spaziergang entlang der Donau. Trotz Kaimauer und offensichtlicher Zähmung der Donau wirkt der Fluss beim Blick nach Osten schon nach wenigen hundert Metern sehr naturbelassen, mit flachem, grasbewachsenem Ufer und viel Baumbestand.

Nun zieht es uns in unser bereits vorab über das Internet gebuchtes Hotel, den Hotel-Gasthof Kieferlbräu in der Eybstr. B 239, gerade einmal 750 Meter vom Donauufer entfernt und so zentral, dass wir am Abend ganz entspannt die Altstadt zu Fuß erkunden können. Das Kieferl ist eine der ältesten Hotel-Gaststätten in Neuburg, das bereits 1664 gegründet wurde. Unser Zimmer ist einfach, aber geschmackvoll eingerichtet, und die Gaststätte bietet neben den üblichen bayerischen Spezialitäten auch Steakgerichte, denen wir mit großem Appetit zusprechen.

Übernachten

- **Altstadthotel Schrobenhausen**, In der Lachen 2, 86529 Schrobenhausen, Tel.: 08252/88 120-0, www.altstadt-hotel-schrobenhausen.com: Schönes Gasthaus mit liebevoll und wohnlich eingerichteten Zimmern und auch das Bräustüberl ist einen gemütlichen Abend wert.
- **Kieferlbräu Hotel-Gaststätte**, Eybstr. B 239, 86633 Neuburg, Tel. 08431/673 40, www.kieferlbraeu.de

12 Das oberbayerische Seen-Quintett

Von Germering durchs Fünfseenland nach Starnberg

Jeder kennt Ammersee und Starnberger See – dabei sind dies nur die populärsten und größten Seen der als Fünfseenland bekannten Region. Wir erfahren an einem wunderbaren Herbsttag die Schönheiten dieser Region mit ihren saftigen Wiesen und dem Blick auf die Alpen.

Etappen
Germering–Weßling: 13 km; Weßling–Wörthsee: 7,5 km; Wörthsee–Seefeld/Pilsensee: 6,5 km; Seefeld–Herrsching: 5 km; Herrsching–Kloster Andechs: 5,5 km; Kloster Andechs–Dießen: 14 km; Dießen–Raisting: 5 km; Raisting–Wessobrunn: 10 km; Wessobrunn–Weilheim: 11 km; Weilheim–Iffeldorf/Osterseen: 21 km; Iffeldorf–Seeshaupt: 8,5 km; Seeshaupt–Bernried: 6 km; Bernried–Tutzing: 7 km; Tutzing–Starnberg: 12,5 km; Gesamtstrecke: 132,5 km

Anreise
Von München oder von Westen/Landsberg über die A 96 bis Ausfahrt Germering-Süd. Oder aus Richtung Landsberg, Augsburg oder München-West über die B 2

Information
Tourismusverband Ammersee-Lech e. V., Hauptplatz 152, 86899 Landsberg am Lech, Tel. 08191/128-247, www.ammerseelech.de
Tourismusverband Starnberger Fünfseenland, Hauptstr. 1, 82319 Starnberg, Tel. 08151/906 00, www.sta5.de
Tourist-Info Dießen, Bahnhofstr. 15, 86911 Dießen am Ammersee, Tel. 08807/92 84 58, www.tourist-info-diessen.de

Wir beginnen unseren Ausflug in Germering, das von München aus schnell über die A 96, den Autobahnring A 99 oder vom Münchner Westen her über die B 2 erreichbar ist, und bleiben ein Stück auf der Landsberger Straße, die als St 2068 südwestlich in Richtung Gilching führt.

Wir starten deshalb in Germering, weil ein Freund in diesem Ort jedes Jahr im Frühling und im Herbst eine eintägige Oldtimerrallye durch das Bayerische Oberland veranstaltet und wir daher wissen, dass vor der Germeringer Stadthalle genug Platz ist, um unsere Tour vorzubereiten und vor dem Start noch einen kurzen Kaffee zu trinken.

In Gilching halten wir uns nicht lange auf – die wohl interessanteste Sehenswürdigkeit hier ist die Kopie eines römischen Meilensteins im Ortsteil Argelsried, denn einst führte die Römerstraße Via Julia hier durch, die Augsburg mit Salzburg verband.

Auf der Münchner Straße Richtung Weßling erreichen wir nach sechs Kilometern Fahrt den ersten See unserer Tour: den Weßlinger See. Der kleinste See zwischen Ammer- und Starnberger See liegt inmitten des Ortes Weßling. Wir legen eine kurze Pause auf dem Parkplatz am Uferweg ein, um einen Blick auf den scheinbar komplett von dichtem Wald umgebenen, nur 240 Meter breiten und 700 Meter langen See zu werfen. Wir hoffen auch, in der Mitte des Sees den künstlichen Geysir zu sehen, der in regelmäßigen Abständen durch eine Sauerstoffpumpe erzeugt wird, um so den See – der nur unterirdische Zu- und Abflüsse hat – vor dem Umkippen zu bewahren. Zum Baden ist es mittlerweile zu kalt, wir begnügen uns also damit, die Hände im Wasser zu erfrischen, ehe wir wieder in unser Cabrio steigen. Die herbstliche

Sonne liefert gerade noch genug Wärme, um das Dach geöffnet zu lassen.

Vom Weßling aus fahren wir ein Stück nordwestlich auf der St 2349 in Richtung A 96, die wir kreuzen; danach verläuft die Staatsstraße nördlich und parallel zur Autobahn bis nach Etterschlag, einem Ortsteil der Gemeinde Wörthsee. Im Ort biegen wir am Kreisverkehr links in die Etterschlager Straße ab (das Navi würde »beim dritten Abzweig rechts abbiegen, bitte« ansagen). Dass wir dabei erneut die A 96 queren, fällt nicht auf, weil diese hier unterirdisch verläuft. Bis zum Wörthsee sind es nun noch gut 1,5 Kilometer auf der St 2348. Rechts von der Straße schweift der Blick über Felder und Wiesen bis zum Horizont, links sehen wir Siedlungen mit Ein- und Mehrfamilienhäusern, bis wir ein kurzes Waldstück durchfahren und dann die Gemeinde Wörthsee erreichen.

Romantische Ecken wie diese finden sich am Weßlinger See immer wieder.

Schloss Seefeld am Pilsensee

Das Schloss gehört seit Mitte des 15. Jh. den Grafen zu Toerring-Jettenbach. Es wurde im 18. Jh. in seiner heutigen barocken Form umgebaut, auch der größte Teil der Innenausstattung der Schlosskapelle stammt aus dieser Zeit. Heute wird das Schloss für Seminare genutzt und beherbergt Gewerbetreibende, Künstler und Dienstleister. Unternehmensverwaltung Graf zu Toerring-Jettenbach, Graf-Toerring-Str. 11, 82229 Seefeld, Tel. 08152/7232, www.schloss-seefeld.de

Kurze Fotopause bei typisch bayerischem Himmel, irgendwo zwischen Weßling und Wörthsee.

Die Ortsteile Wörthsee, Walchstadt und Steinebach grenzen direkt an die nordöstliche Seegrenze. Östlich des Sees und der Gemeinde erstreckt sich dichter Wald. Wir fahren direkt an den See und stellen unser Auto auf einem der Parkplätze nahe der Sportschifffahrtsschule in der Seestraße ab. Leider ist das Seeufer nur an wenigen Stellen zugänglich, weil der gesamte Wörthsee in Privatbesitz ist. Insgesamt gibt es an dem über vier Quadratkilometer großen See, der als einer der schönsten und saubersten Badeseen Bayern gilt, nur fünf öffentlich zugängliche Badeplätze.
Anschließend fahren wir an der Ostseite entlang bis zur Gemeinde Schlagenhofen, die sich an der Südspitze des Sees befindet. Ungefähr auf der halben Wegstrecke führt eine kleine Straße direkt am See entlang, etwa 100–150 Meter rechts von der Hauptstraße, die erst Dorfstraße, dann Schlagenhofer Straße heißt. Auf Höhe der Mausinsel, die rechts am anderen Seeufer liegt, biegen wir links ab und halten uns nach nur gut 50 Metern dann rechts

in die Wörthseestraße. Ab hier begleitet uns dichter Wald bis nach Schlagenhofen.

Der kleine Ort am südlichen Ende des Wörthsees ist ein Ortsteil der Gemeinde Inning. Diese Region ist schon seit 2000 v. Chr. besiedelt, wie Ausgrabungen zeigen, bei denen oberhalb des Ortsteils Stegen u. a. 40 Hügelgräber gefunden wurden. Zwischen dem 16. und dem 18. Jahrhundert war die an der Salzstraße von München nach Landsberg liegende Gemeinde eine beliebte Zwischenstation für die Händler – davon zeugt noch der um 1646 erbaute Salzstadel am Marktplatz, der heute als Wohnhaus dient.

Vor Schlagenhofen biegen wir scharf links ab auf die Inninger Straße (St 2070), die uns zunächst durch dichten Wald und dann zwischen Feldern und Wiesen und durch die Gemeinde Hechendorf bis nach Seefeld führt.

Das wichtigste Bauwerk dieses Ortes ist Schloss Seefeld, seit Mitte des 15. Jahrhunderts Sitz der Grafen von Toerring. 1302 wurde an dieser Stelle die Feste Schloßberg erstmals urkundlich erwähnt; seine heutige barocke Form erhielt das Schloss im 18. Jahrhundert. Heute wird das Schloss, das immer noch den Grafen Toerring gehört, für Seminare und kulturelle Veranstaltungen genutzt.

Weiter geht's auf der St 2068 am Ostufer des Pilsensees entlang und durch dichten Wald, der bis zum Ufer reicht und nur gelegentliche Blicke auf den rechts von der Straße liegenden See erlaubt. Am östlichen Ende des Pilsensees, auf Höhe der links liegenden Ortschaft Widdersberg, lichtet sich der Wald rechts von der Fahrbahn und macht dem Herrschinger Moos Platz, das wir auf der kurvenreichen kleinen Straße durchfahren. Bald erreichen wir Herrsching und damit den Hauptort des Ammersees, der neben dem Starnberger See

Ein Kurpark und sein Schlösschen

Die einstige Villa liegt inmitten des öffentlich zugänglichen Kurparks direkt an der Seepromenade an der Scheuermannstr. 1. Heute wird die auch als Scheuermann-Schlösschen bekannte Villa für Hochzeiten, Konzerte und Ausstellungen genutzt. Infos bei der Gemeinde Herrsching, Bahnhofstr. 12, Tel. 08152/37 40, www.herrsching.de

als Münchner »Hausgewässer« gelten kann. Die Gemeinde umfasst etwa 10 000 Einwohner, und hier lädt vor allem die Uferpromenade – übrigens die längste durchgehend begehbare Uferpromenade eines deutschen Binnengewässers – zum Bummeln ein. Der Blick auf den See und die Voralpen ist herrlich, und viele Lo-

Prachtvoller Innenraum der Wallfahrtskirche Andechs. Nach diesem Pflichtbesuch wartet die »Kür« im gemütlichen Kloster-Biergarten.

kale locken an der Promenade zum Verweilen und Entspannen. Vor hier aus kann man bei schönem Wetter bei einem kühlen Drink gut das Treiben auf dem See und am Schiffsanleger beobachten.

Direkt an der Promenade liegt auch der Kurpark mit dem Kurparkschlösschen, das auch als Scheuermann-Schlösschen bekannt ist: 1888 von dem Kunstmaler Ludwig Scheuermann als Sommerresidenz inklusive dazugehörendem Kurpark errichtet, gilt es heute als Herrschinger Wahrzeichen. Nach einem kurzen Spaziergang durch den romantischen Park schlendern wir zurück zu unserem Cabrio, das wir auf einem Parkplatz an der Summerstraße, direkt am Schiffsanleger, abgestellt hatten.

Auf das nächste Etappenziel freuen wir uns besonders: Unsere frühe Mittagsrast werden wir in Andechs verbringen. Der »heilige Berg« mit dem darauf thronenden Kloster ist nach Altötting der wichtigste Wallfahrtsort katholischer Christen – bekannter ist er aber wohl aufgrund des im Kloster gebrauten würzigen Andechser Bieres, das im klösterlichen Bräustüberl natürlich am besten schmeckt, begleitet von deftigen bayerischen Schmankerln wie Schweinsbraten oder Obatztm!

Die Fahrt von Herrsching auf der sich in sanften Kurven windenden Seefelder Straße den Andechser Berg hinauf dauert knappe 10 Minuten. Wir haben Glück: Es ist ein Wochentag, und daher sind nur relativ wenig Ausflügler und keine voll besetzten Busse Richtung Kloster unterwegs. Oben angekommen, finden wir auch sofort einen Parkplatz auf dem riesigen Areal vor dem Kloster, das für Tausende von Autos angelegt zu sein scheint.

Vom Parkplatz aus wandern wir zu Fuß wenige hundert Meter die Bergstraße hinauf, dann lädt gleich links der Klostergasthof Andechs zu einer Pause ein.

Doch wir widerstehen der leiblichen Verlockung und besuchen zuerst die Wallfahrtskirche. Wir schließen uns einer der Führungen an, die jeweils zur vollen Stunde beginnen, und erfahren innerhalb einer knappen Stunde alles über die Geschichte des »heiligen Berges« und seiner heutigen Wirtschaftsbetriebe mit Brauerei, Gastronomie, Landwirtschaft sowie einem Tagungs- und Veranstaltungszentrum. Im Rahmen der Führung sehen wir natürlich auch die Reliquiensammlung und das Grab Carl Orffs, der in der Schmerzhaften Kapelle der Wallfahrtskirche beerdigt wurde.

Süffig, heilig – Andechs!

Auf einem Hügel über Herrsching gelegen, ist Andechs eines der beliebtesten Ausflugsziele im Fünfseenland und ein bedeutender Wallfahrtsort. Infos zum Kloster und seiner Brauerei bei der Klosterbrauerei Andechs, Bergstr. 2, Tel. 08152/37 60, www.andechs.de

Nach dieser Geschichtsstunde freuen wir uns dann umso mehr auf die Brotzeit im Andechser Bräustüberl – wie gern würde ich jetzt wie meine Begleiterin auch einen süffigen Andechser Doppelbock genießen! Stattdessen bleibt es bei einer erfrischenden, kühlen Andechser Apfelweiße zum Schweinsbraten.

Nach dem leckeren Essen fällt es uns schwer, uns loszureißen und wieder zurück zum Auto zu laufen – aber wir haben noch einige Seen auf dem heutigen Tour-Programm stehen.

Wir verlassen den Parkplatz in südlicher Richtung und biegen in der Gemeinde Andechs an der Kreuzung Andechser und Machtlfinger Straße rechts ab zum See. Die St 2067 heißt hier Herrschinger Straße und macht nach etwa 700 Metern einen scharfen Rechtsknick; sofort danach biegen wir halb links in die Dreifaltigkeitsstraße ein, die uns direkt zum Seeufer bringt.

Bei Aidenried lassen wir den Ammersee hinter uns und erreichen bald den Ortsbeginn von Fischen, einem typisch oberbayerischen Dorf. Unübersehbar und direkt an der Hauptstraße wartet hier das private Kupfermuseum von Siegfried Kuhnke auf Besucher. Der ehemalige Münchner Kunsthändler stellt in einem denkmalgeschützten alten Gutshof Kunstgegenstände und Werkzeuge aus Kupfer von der Antike bis zum 19. Jahrhundert aus (www.kupfermuseumfischen.de). Wer mag, kann in dem kleinen, dem Museum angeschlossenen Restaurant und Feinkostladen Vabene italienische Delikatessen genießen oder mitnehmen.

Dießen

Das kleine **Carl-Orff-Museum** zeigt Leben und Werk des Künstlers, der seit 1955 in Dießen lebte und in Kloster Andechs beerdigt ist (Hofmark 3, Tel. 08807/919 81, www.orff-museum.de).

Das **Marienmünster**, eine ehemalige Stiftskirche, wurde ab 1720 erbaut und dient heute als Pfarrkirche. Architektur und Ausstattung machen das Marienmünster zu einem der besten bayerischen barocken Kirchenbauten des 18. Jh. (Infos bei der Tourist-Info Dießen, Bahnhofstr. 12, Tel. 08807/92 84 58, www.diessen-tourist-info.de).

Kurz hinter Fischen biegen wir nach dem Ortsschild von Vorderfischen an der großen Kreuzung rechts ab auf die St 2056, die Dießener Straße, auf der wir durch weitläufiges Acker- und Wiesenland bald Dießen am Ammersee erreichen. Dort komplettieren wir den Kulturteil mit einem Besuch im Carl-Orff-Museum und mit einer kurzen Besichtigung des Dießener Marienmünsters, das von 1732–1739 von Michael Fischer auf einer Anhöhe in Sichtweite des Sees errichtet wurde.

Die Bauten der Erdfunkstelle in Raisting wirken in der Voralpenlandschaft wie aus einem Science-Fiction-Film.

Nach dem typisch bayerischen Ambiente des Ammersees und seiner Ortschaften wird es nun ein wenig technisch – unser nächstes Ziel liegt fünf Kilometer südlich vom Ammersee: Raisting ist vornehmlich bekannt durch die hier stationierte Erdfunkstelle mit ihren futuristisch wirkenden Parabolantennen und der Radom genannten kugelförmigen Satelliten-Bodenstation, die 1963 errichtet wurde (aber

heute noch aussieht, als ob sie die Verbindung mit dem Raumschiff Orion und Commander McLane sicherstellen würde). Das Areal mit seinen Parabolantennen dient der Kommunikation mit Nachrichtensatelliten und ist unbedingt einen kurzen Besuch wert – zu unwirklich, fast surreal erscheinen die weißen Antennen und das kugelförmige Radom in der bayerischen Landschaft. Dieser Eindruck wird noch verstärkt durch die in unmittelbarer Nähe stehende ehemalige, aus dem 15.Jahrhundert stammende Wallfahrtskirche St.Johannes der Täufer.
Foto-Tipp: Man kann sehr nah an die Erdfunkstelle heranfahren und den Wagen so parken, dass die Parabolantennen im Hintergrund zu sehen sind – dieses Erinnerungsfoto sticht dann nicht nur auf Facebook heraus …
Nach diesem Ausflug in die Welt der Satelliten begeben wir uns wieder auf traditionellere Pfade und fahren entlang des Flüsschens Rott auf dem Stillernweg durch den Wald Richtung Wessobrunn. Nach etwa fünf Kilometern fließen die Rott und der Steingrabenbach zusammen; kurz danach gabelt sich auch die Straße, und wir biegen halb rechts am Waldrand auf die Schmuzerstraße ab, die bis nach Wessobrunn führt. Auf ihr fahren wir zunächst einige Kilometer durch dichten Wald, bevor sich die Landschaft wieder öffnet und einen kilometerweiten Blick auf Felder, kleine Waldinseln und Wiesen erlaubt. Der Ort im Pfaffenwinkel, wie die Region auch heißt, ist bekannt durch

Fast komplett mit Weinreben bedeckt: das alte Rathaus in Wessobrunn

Wessobrunns Kloster und Pfarrkirche St. Johann Baptist

Es gibt regelmäßige Führungen durch das **Kloster** der Missions-Benediktinerinnen. Die 1757 erbaute **Barockkirche St.Johann Baptist** ist mit Stuckaturen und Fresken mit Motiven aus dem Leben Johannes des Täufers ausgeschmückt. Auch die weitere Innenausstattung mit dem Hochaltar ist künstlerisch von hoher Qualität. Infos bei der Gemeinde Wessobrunn, Zöpfstr. 1, Tel. 08809/313-00, www.wessobrunn.de

das Kloster Wessobrunn, das vermutlich schon im 8. Jahrhundert gegründet wurde. Die heute noch erhaltenen Bauwerke – darunter drei Klostertrakte – sowie die Pfarrkirche St. Johann Baptist, stammen aus dem 17. und 18. Jahrhundert. Von der ehemaligen Klosterkirche aus dem 13. Jahrhundert ist nur noch der Glockenturm erhalten.

Vom Kloster aus fahren wir auf der Zöpfstraße (der St 2057) wieder aus dem Ort hinaus. Rechts ist in ein paar Hundert Metern Abstand Wald zu sehen, links schweift der Blick über weites Land. In sanften, lang gezogenen Kurven erreichen wir den nächsten See unserer Tour, den Zellsee und den gleichnamigen Weiler am Nordufer des Gewässers.

Weilheim

Die Kreisstadt im Pfaffenwinkel besitzt eine schöne historische Altstadt und bietet viel Sehenswertes für Besucher. U. a. werden nach vorheriger Anmeldung Stadtführungen, Museumsführungen und – für die Genießer unter uns Cabriofahrern – Brauereiführungen angeboten (Infos dazu bei der Tourist-Info, Admiral-Hipper-Str. 20, 82362 Weilheim, Tel. 0881/682-731 / 732 / 733 / 740, www.weilheim.de).

Der etwa 100 Hektar große Zellsee ist ein künstlicher See. Bereits im Jahr 1414 ließ der damalige Wessobrunner Abt den Fluss Rott aufstauen, um eine bessere Fischversorgung für sein Kloster zu erhalten. Bis heute dient der Zellsee ausschließlich der Fischzucht, Baden ist in dem im Privatbesitz befindlichen Gewässer nicht möglich. Einen Besuch ist der Zellsee dennoch wert, weil er und sein Umland seit 2006 als Europäisches Vogelschutzgebiet ausgewiesen sind und vielen seltenen Vogelarten wie dem Schwarzmilan, der Rohrweihe und dem Fischadler eine Heimat bieten. Und nicht zu vergessen: Auch die Landschaft und die schön zu fahrenden Landstraße sind sehens- und erlebenswert. Und deshalb bleiben wir auf der St 2056, die uns durch den abwechslungsreichen Pfaffenwinkel bis nach Weilheim bringt, der Kreisstadt des Landkreises Weilheim-Schongau.

Weilheim ist mit seinen zahlreichen Schulen und Ämtern einer der wichtigsten Orte im Pfaffenwinkel und bietet auch dem Touristen viel Sehenswertes, wie wir schnell merken. In der Fußgängerzone am Marienplatz gönnen wir uns in einem Straßencafé einen Espresso und studieren die Touristeninformation, die wir im Vorfeld aus dem Internet heruntergeladen haben. Wir beschließen, neben einem ausgiebigen Spaziergang durch die hüb-

sche Altstadt auch dem Stadtmuseum im Alten Rathaus, der Stadtpfarrkirche und den Resten der historischen Stadtmauer am Mittleren Graben einen Besuch abzustatten.
Das Alte Rathaus steht direkt gegenüber von unserem Café, und im Museum werden neben Skulpturen, Handwerksarbeiten, Brauchtumsexponaten und Kunst auch Funde aus der Vor- und Frühgeschichte der Region ausgestellt. Auch die Stadtpfarrkirche befindet sich direkt am Marienplatz. Sie wurde Anfang des 17. Jahrhunderts im Stil des Manierismus, dem Übergang von der Renaissance zum Barock, erbaut und ist eines der architektonischen Highlights der Stadt. Vor allem die Innenausstattung mit bedeutenden Deckenmalereien im Stil des Barock und die herrlichen Stuckarbeiten sind beeindruckend. Zudem befindet sich in der Kirche auch Deutschlands größte Barockmonstranz, die Wurzel-Jesse-Monstranz von Joseph Anton Kipfinger.
Zu den Resten der Stadtbefestigung in der Vötterlgasse sind es dann nur ein paar hundert Meter zu Fuß. Ein gut erhaltener Mauerrest und das darin befindliche schmale Tor lassen erahnen, wie sich die Stadt im Mittelalter vor Plünderungen und anderer Unbill schützte. Heute erscheint der Gedanke, hinter Mauern zu leben, die nachts verschlossen und bewacht werden, unvorstellbar. Damals hingegen bot solch eine Mauer eine starke Sicherheit, um am nächsten Morgen wieder unversehrt und ohne bestohlen worden zu sein aufzuwachen.
Wir verlassen Weilheim in Richtung auf der Marnbacher Straße (der St 2064). Unser nächstes Ziel sind die Osterseen, und die Strecke von Weilheim dorthin beträgt etwa 20 Kilometer – purer Fahrspaß auf ruhigen Landstraßen durch das schöne Bayerische

Traumhafter Blick von Ufer des Starnberger Sees auf die schneebedeckten Alpengipfel

Oberland. In Marnbach halten wir uns an der großen Kreuzung rechts und sind nun auf der Antdorfer Straße, der Kreisstraße WM 11. Gut sechs Kilometer führt die Straße fast schnurgerade durch weitläufiges Ackerland. Links von der Straße ist am Horizont Wald zu sehen, rechts verläuft der Angerbach in einigen hundert Metern Entfernung – es ist ruhig, und wir genießen die Landschaft und den milden Fahrtwind in vollen Zügen.

In Eberfing, einem kleinen Ort, in dessen Umgebung es zahlreiche Hügelgräber der Urnenfelderkultur aus dem 10. und 9. Jahrhundert v. Chr. gibt, knickt die Straße nach links ab, wird zur Kreisstraße WM 10 und etwas später zur WM 1. Kurz nach dem Ortsende von Eberfing ändert sich die Landschaft und wird waldig. Die Straße windet sich in sanften Kurven fast zehn Kilometer durch die Natur, ohne eine Ortschaft zu durchqueren. Lediglich zwei, drei Weiler mit wenigen Häusern passieren wir auf dieser Strecke, bevor wir das Ortsschild von Antdorf vor uns sehen und im Ort links auf die Hauptstraße abbiegen.

Die macht gleich danach einen weiteren Linksknick und führt nun nach Norden zur nächsten Ortschaft, Iffeldorf. Diese Gemeinde markiert den südlichsten Punkt der Osterseen, einer Gruppe von fast 40 Seen unterhalb des Starnberger Sees. Manche diese Seen sind nur wenige hundert Quadratmeter groß, andere, wie der Große Ostersee, besitzen gleich mehrere Inseln.

Die Seenplatte ist seit 1981 Naturschutzgebiet und besteht aus den Gewässern, dichtem Mischwald und fast 500 Hektarn Moorlandschaft. Aus diesem Grund sind die Seen mit dem Pkw auch nur eingeschränkt, meist über Sackstraßen, erreichbar. Die Mühe lohnt sich allerdings, denn die Seen sind wirklich sehr romantisch

Paradiesisches rund um Starnberg

- **Bade- und Tauchplatz Paradies:** Beliebtes Ausflugsziel für Sommerfrischler am Starnberger See zwischen Possenhofen und Niederpöcking. Ferdinand-von-Miller-Str. 45, 82343 Pöcking
- **Museum Starnberger See:** Das 1914 gegründete Museum für Naturgeschichte und Brauchtum gehört zu den ältesten Museen seiner Art in Bayern. Die Sammlung widmet sich dem Leben und Wirtschaften der Region im 19./20. Jh. sowie der Geschichte des Ortes, des Landkreises und des Sees. Possenhofener Str. 5, 82319 Starnberg, Tel. 08151/4477570, www.museum-starnberger-see.de
- **Villa Rustica, Starnberg:** Dieser römische Gutshof aus dem 2. Jh. wurde 2002 ausgegraben und ist seit 2004 für Besucher zugänglich. Führungen finden von Mai–Okt. jeweils am 1. Sonntag um 15 Uhr bzw. nach Vereinbarung statt. Infos dazu beim Kulturamt der Stadt Starnberg, Tel. 08801/9146969, www.starnberg.de/kultur-freizeit/stadtgeschichte/villa-rustica/

und unberührt von der Zivilisation – perfekt für eine entspannte Pause im Gras am Seeufer.

Von Iffeldorf aus fahren wir ein kurzes Stück nach Osten, um dann scharf links auf die Seeshaupter Straße einzubiegen. Hier kann man dann auch gleich – falls nötig – an der freien Tankstelle Greil den Benzindurst seines Cabrios stillen. Nach der Tankstelle heißt die St 2063 Penzberger Straße und führt uns mit leichten Schlenkern durch dichtes Waldgebiet bis nach Seeshaupt, der südlichsten Gemeinde am Starnberger See.

Hier befinden wir uns in einem der Naherholungsgebiete des Raums München. Das ist kein Wunder, denn mit der Lage am Starnberger See einerseits und den Osterseen andererseits ist Seeshaupt für Wassersportler, Badefans und Wanderer gleichermaßen interessant. Und der Blick auf die Alpen vom Wendelstein bis zur Zugspitze ist bei klarem Wetter ganz und gar nicht zu verachten.

Der Ort selbst ist typisch für das Oberland, mit vielen mit Lüftlmalerei verzierten Häusern und den Restaurants am See, in denen Gerichte aus frisch gefangenen Fischen serviert werden. Wenn das Wetter passt, kann man hier auf einer der Terrassen mit Seeblick vorzüglich speisen und dabei den Blick auf die Alpengipfel genießen.

Unser nächstes Ziel ist Bernried mit dem überregional bekannten Museum der Phantasie, das von Lothar-Günther Buchheim erbaut wurde und Skulpturen und vor allem Gemälde der Expressionisten aus der Sammlung Buchheim zeigt. Wir fahren dazu nicht über die St 2063, die in einem leichten Bogen ein wenig vom See weg führt, sondern bleiben auf der Tutzinger Straße

Fantasievolles Museum

Das **Museum der Phantasie** wurde nach langen Querelen über den Standort im Jahr 2001 in Bernried eröffnet. Auf 4000 m² beherbergt es eine Sammlung namhafter Expressionisten und Arbeiten von Lothar-Günther Buchheim. Das Museum ist zudem ein Völker- und Naturkundemuseum und zeigt Gegenstände, die Lothar-Günther Buchheim von seinen Reisen mitbrachte. Am Hirschgarten 1, 82347 Bernried, Tel. 08158/99 70 20, www.buchheimmuseum.de

Die hölzernen Giraffen weisen den Weg zum Buchheim Museum der Phantasie in Bernried.

und damit dicht am See. Dabei passieren wir kurz vor dem Ort den zwischen See und Straße gelegenen Bernrieder Park und fahren auch am direkt im Ort liegenden Kloster Bernried vorbei, das bereits im 12. Jahrhundert gegründet wurde und heute ein Kloster der Missions-Benediktinerinnen ist.

Kurz darauf nähern wir uns dem Kunsttempel, was man bereits an der Straße merkt, die plötzlich zum See hin von riesigen Holzskulpturen dominiert wird. Manche wirken wie Baumstümpfe, andere auf den ersten Blick wie Giraffen – und alle machen Appetit auf mehr: Wer hier vorbeifährt, sollte unbedingt etwas Zeit investieren und das Museum besuchen. Und das ist nicht nur wegen der hochkarätigen Kunstwerke und vieler spannender Wechselausstellungen, sondern auch wegen der Lage am See und der außergewöhnlichen Architektur des Museums.

Von nun an verläuft die Straße immer nahe am See, und bald erreichen wir Tutzing, das nicht nur als Fremdenverkehrsort in einem Naherholungsgebiet für München Bedeutung erlangt hat, sondern überregional auch durch die im Schloss Tutzing untergebrachte Evangelische Akademie Tutzing bekannt ist. Ganz entspannt dirigieren wir hier unser Cabrio durch den wuseligen Feierabendverkehr auf der Hauptstraße von Tutzing und haben bald wieder freie Bahn für die letzten zwölf Kilometer unserer Tagestour, die uns nach Starnberg bringen werden.

Wir bleiben bis Starnberg auf der St 2063, die nach Tutzing erst Weylerstraße, dann Tutzinger Straße heißt. In Possenhofen wird sie zur Kurt-Stieler-Straße, und nach dem Paradies, einem beliebten Tauch- und Badeplatz bei Pöcking, fahren wir auf der Ferdinand-von-Miller-Straße weiter, um schließlich auf der Possenhofener Straße das Ortsschild von Starnberg zu passieren. Wir sind am Ziel.

Starnberg ist der Hauptort am Starnberger See, der übrigens offiziell erst 1962 diesen Namen erhielt – bis dahin hieß der See Würmsee, nach dem Fluss Würm, dem einzigen Abfluss des

Essen & Trinken

- **Klosterbrauerei Andechs**, Bergstr. 2, 82346 Andechs, Tel. 08152/37 60, www.andechs.de
- **Restaurant-Café am See**, Hauptstr. 29, 82402 Seeshaupt, Tel. 08801/714, www.seeterrasse-seeshaupt.de: Das direkt am See gelegene Café bietet regionale Fischspezialitäten und auf der Terrasse einen herrlichen Blick über den See bis zu den Alpen.

Sees. Das einstige Fischerdorf entwickelte sich nach der Eröffnung der Eisenbahnlinie von München im Jahr 1856 schnell zu einem Erholungsort, und viele wohlhabende Münchner Unternehmer, Künstler und Professoren verlegten ihren Wohnsitz an den schönen Starnberger bzw. damals noch Würmsee. Noch heute prägen zahlreiche Villen und Landhäuser aus der Zeit um die Jahrhundertwende das Stadtbild.

Verträumte Idylle am kleinen Hafen von Seeshaupt

Die Seepromenade beginnt am ehemaligen Strandbad Undosa; hier fallen vor allem die in Reih und Glied stehenden hölzernen Bootshäuser auf, in denen sich heute u. a. auch Geschäfte vom Fischladen bis zur Tauchschule befinden. Die Promenade selbst ist durch den Bahndamm und den Bahnhof komplett von der Stadt abgetrennt: Das verdankt die Stadt dem Baurat Johann-Ulrich Himbsel, der die Bahnlinie und das erste Dampfschiff auf dem Starnberger See gebaut hatte: Er wollte durch die räumliche Nähe des Bahnhofs zum Anlegeplatz des Dampfschiffs dafür sorgen, dass die Bahnreisenden möglichst schnell auf sein Schiff gelangten.

Zum Abschluss unserer Tour durchs Fünfseenland, die uns genau genommen sogar an viel mehr Seen vorbeigeführt hat, checken wir direkt im Zentrum von Starnberg im Gasthof Zur Sonne ein. Dort haben wir vorab und online ein Doppelzimmer gebucht und gönnen uns nun am Abend in dem urigen Gasthaus ein gemütliches und leckeres bayerisches Abendessen. Und bevor wir am nächsten Tag wieder abreisen, entern wir nach dem Frühstück noch einen der Ausflugsdampfer, der uns den Starnberger See auch noch mal von der Wasserseite aus zeigt.

Unterkunft

Gasthaus Zur Sonne, Fam. Scholler, Hanfelder Str. 7, 82319 Starnberg, Tel. 08151/2060, www.scholler-starnberg.de: Typisch oberbayerischer Gasthof mit rustikaler, regionaler Küche und einfachen, aber gemütlichen Zimmern.

Zugabe

Für dieses Buch *bin ich mit verschiedenen Cabrios quer durch Bayern gefahren – auf der Suche nach schönen Straßen, interessanten Sehenswürdigkeiten, herrlicher Landschaft, leckerem Essen – kurz: nach dem ultimativen Freizeitspaß für Cabrioliebhaber.*

Obwohl ich seit frühester Jugend in Bayern lebe*, habe ich erst auf diesen Touren erfahren, wie schön und abwechslungsreich das südlichste Bundesland Deutschlands ist: Die Alpen mit ihren majestätischen, oft dauerhaft von Schnee bedeckten Gipfeln, das sanfte Hügelland der Voralpen mit saftig grünen Wiesen und den typisch alpenländischen Dörfern, die vielen kleinen Städte mit ihren historischen Bauten und ihrer stolzen Geschichte, Niederbayern mit seinen dunklen Wäldern und quirligen Wirtschaftszentren, in denen man die Jahrhunderte alte Kunst der Glasproduktion pflegt.*

Dann das Donautal und die Oberpfalz *mit der herrlichen Flusslandschaft und historischen Kleinoden wie der Stadt Amberg oder Burg Prunn. Neben vielen bleibenden Eindrücken und – natürlich – jeder Menge Fahrspaß – habe ich vor allem eines mitgenommen von diesen Touren: Man muss nicht immer in die Ferne schweifen. Es gibt so viel Schönes und Interessantes zu entdecken in der eigenen Heimat! Und man braucht dazu weder lange Urlaub zu nehmen, noch große Vorbereitungen zu treffen oder gar ein großes Reisebudget beiseite gelegt zu haben. Man muss sich nur ein Wochenende Zeit nehmen, um mit einer oder zwei Stunden Anreisezeit dem Alltag zu entkommen.*

In diesem Sinne wünsche ich Ihnen *allzeit trockenes Cabriowetter und viel Vergnügen bei ihren ganz persönlichen Cabriotouren durch Bayern!*

Ihr

Register

Impressum

Verantwortlich: Sabine Klingan, Miriam Gieler
Redaktion: Anette Späth
Layout: Eva-Maria Klaffenboeck
Repro: Cromika, Verona
Kartografie: Bruckmann Kartografie, Heidi Schmalfuß
Herstellung: Alexander Knoll
Printed in Slovenia by Florjancic

★★★★★

Sind Sie mit diesem Titel zufrieden? Dann würden wir uns über Ihre Weiterempfehlung freuen. Erzählen Sie es im Freundeskreis, berichten Sie Ihrem Buchhändler, oder bewerten Sie bei Onlinekauf. Und wenn Sie Kritik, Korrekturen, Aktualisierungen haben, freuen wir uns über Ihre Nachricht an den J. Berg Verlag, Postfach 40 02 09, D-80702 München oder per E-Mail an lektorat@verlagshaus.de.

Unser komplettes Programm finden Sie unter www.j-berg-verlag.de

Dank
Wir bedanken uns ganz herzlich bei der BMW Niederlassung München für die Überlassung des 3er Cabrios der Baureihe E90, des 1er Cabrios der Baureihe E88 sowie des Mini Coopers D Cabrio und bei Jaguar Deutschland, Neuss, für die Überlassung des XK Cabriolets.

Autorenempfehlung
Sie sind auf der Suche nach weiterführender Literatur? Dann empfehle ich Ihnen den Titel »Cabrio-Routen durch die Alpen« von Petra Gagel. Oder Sie werfen einen Blick in die Zeitschrift »AutoClassic«. Hier lesen Sie alles über klassische Cabrios und andere Oldtimer.
Ihr Jörn Müller-Neuhaus

Bildnachweis: Alle Bilder im Innenteil und auf der Umschlagrückseite stammen von Jörn Müller-Neuhaus mit folgenden Ausnahmen: S. 3 u.: Tourismusverband Kelheim/Ulrike Eberl-Walter, S. 3 Mitte: Touristikverein Deutsche Alpenstraße, S. 7: Romantische Straße Touristik-Arbeitsgemeinschaft GbR, S. 11: Touristikverein Deutsche Alpenstraße, S. 15: Touristikverein Deutsche Alpenstraße, S. 18: Touristikverein Deutsche Alpenstraße, S. 24: Touristikverein Deutsche Alpenstraße, S. 27: Touristikverein Deutsche Alpenstraße, S. 31: Touristikverein Deutsche Alpenstraße, S. 33: Bahnfrend/CommonsMedia, S. 34: Mummelgrummel/CommonsMedia, S. 37: Nikater/CommonsMedia, S. 39: Rudolph Buch/CommonsMedia, S. 42: Touristikverein Deutsche Alpenstraße, S. 44: Gakuro/CommonsMedia, S. 45: Touristikverein Deutsche Alpenstraße, S. 48, 51 53: Passau Tourismus e.V., S. 57: Tourist-Information Amberg, S. 59: Stephan Moder, S. 60: Landkreis Neumarkt, S. 64o.: Derzno/CommonsMedia, S. 64u.: Schneck/CommonsMedia, S. 66: Orzowei/CommonsMedia, S. 71: Landkreis Amberg-Sulzbach; S. 72: Stefan Gruber/CommonsMedia, S. 75: Susanne Kammerer, S. 77, 80, 85, 89, 91, 92, 95, 96, 97, 99, 100, 103o.: Romantische Straße Touristik Arbeitsgemeinschaft GbR; S. 110o.: Softeis/CommonsMedia, S. 110u.: Patrick Hübgen/CommonsMedia, S. 113: Guido Radikg/CommonsMedia, S. 131: Deag/CommonsMedia, S. 132u.: FranzFoto/CommonsMedia, S. 134o.: Elcom.Stadler/CommonsMedia, S. 134 u.: Deutsches Hopfenmuseum/Paul Ehrenreich, S. 137: Public Domain, S. 137u.: 4everonline.de/CommonsMedia, S. 138: Kora27/CommonsMedia, S. 141: Philipp Hayer, S. 143: Tourismusverband Starnberger Fünf-Seen-Land, S. 144: Jörn-M. Müller-Neuhaus, S. 146: Tourismusverband Starnberger Fünf-Seen-Land, S. 148: Richard Huber, S. 149: Franzfoto/CommonsMedia, S. 151: Tourismusverband Starnberger Fünf-Seen-Land,

Umschlagvorderseite: Unterwegs am Riegsee, Oberbayern (mauritius images/imageBROKER/Foto Beck)
Umschlagrückseite: Am Chiemsee

Die Deutsche Nationalbibliothek verzeichnet diese Publikation in der Deutschen Nationalbibliografie; detaillierte bibliografische Daten sind im Internet über http://dnb.d-nb.de abrufbar.

ISBN 978-3-86246-667-2